Ⓢ新潮新書

君塚直隆
KIMIZUKA Naotaka

教養としての
イギリス貴族入門

1034

新潮社

はじめに

イギリス貴族。この言葉を聞いて読者のみなさんはどのようなイメージを持たれるだろうか。広大な所領の真ん中に巨大な城のような屋敷を持ち、多くの召使いにかしずかれて優雅な生活を楽しむ姿であろうか。

二〇一〇年からイギリスのテレビ局ＩＴＶで放送が開始されるや、たちまち視聴者たちを虜にした人気ドラマ『ダウントン・アビー』は、二〇世紀前半という激動の時代を生きたある伯爵の一族と、それを支える使用人たちの物語である。日本でも放映され数多くのファンの心をつかんでいる。

このドラマでも見られるような、まさに「イギリス貴族」としての威容を伝える本物の貴族たちは、二一世紀のこんにちにも確かに存在はしている。

たとえば北西部イングランドにイートン・ホールという屋敷を構えるウェストミンス

タ公爵（Duke of Westminster）である。

このお屋敷の敷地面積は一万八七二エーカーほどある。およそ四四平方キロということになるが、それは東京都の江東区（四二・九九平方キロ）よりも大きいのである。公爵家のもともとの姓はグローヴナといい、同家がイギリス最高位の爵位である公爵に叙せられたのは一八七四（日本でいえば明治七）年と、それほど古い話ではない。本文でまた詳しく述べるが（第一章四九頁）、現存するイギリスの公爵家のなかでは下から二番目という「新しい」家柄にすぎないのである。

しかしその財力は他の公爵家はおろか、なんとイギリス王室までをも凌駕してしまう。現在のウェストミンスタ公爵家の当主は七代目のヒュー・グローヴナ（一九九一〜）。二〇一六年に急逝した父のあとをうけて、弱冠二五歳ですべての財産を相続した。公爵家の資産の主要部分をなしているのが、ロンドン中心部のその名もグローヴナ広場があるメイフェアという高級住宅街・商業地区である。広場にはアメリカ大使館も建っていた。『サンデー・タイムズ』が発表した二〇二三年版の「長者番付」によれば、第七代公爵の資産は九八億七八〇〇万ポンドとのことである。現在の日本円にして一兆八〇〇〇億円ほどの計算になる。三二歳にしてイギリスで一一番目の大富豪である。しかも彼は王室ともゆかりが深く、ウィリアム皇太子とは幼少期から親しい。皇太子の長男で将来の国王、ジョージ王子の洗礼式の折には名親（ゴッドファーザー）のひとりにもなっている。

とはいえ、ウェストミンスタ公爵家のような、莫大な財力を備えた貴族はいまやイギリスでも少数派になってきている。爵位を持つ大半の家が、二〇世紀の二度の世界大戦と、その前後に施行された「法外な」相続税率（一九四八年には七五％）のおかげで、一気に没落してしまったのである。

それでもイギリスにはいまだに世界で唯一の「貴族院」という議院が残っており、貴族たちが及ぼす影響力は、政治、経済、社会、文化など相変わらず多様な分野に及んでいる。本書は、この二一世紀の現代世界においても、したたかにしぶとく生き残るイギリス貴族の歴史と現状について記したものである。

まず第一章では、イギリスに貴族が誕生した経緯や爵位名の由来、さらにいまも貴族の社会に残る厳しいしきたりなどについて解説していきたい。

そして第二章では、中世から近世を経て、近現代においても貴族たちがイギリスのあらゆる分野で大きな影響力を示してきた様子を見ていきたい。

これを受けて第三章では、公侯伯子男という五つの爵位からそれぞれひとつずつの家を取り出して、彼らがイギリスの歴史のなかにどのような足跡を残していったのかを、様々なエピソードを交えながら検討していく。

さらに第四章以降では、二〇世紀の二度の世界大戦や民主主義の発展などにより、貴族政治の時代から大衆民主政治の時代へと移りゆくなかで、かつてのような強大な力は失っているものの、いまもイギリスに息づく貴族の影響について解説していく。それとともに、二〇世紀に登場した貴族に関する新たな慣習とこれに関わるいくつかの貴族の物語もあわせて紹介してみたい。

「貴族」といえば、現代に生きる私たちはすぐに「古くさい」「封建的な」「特権階級」という、前代の遺物のようなものを想像しがちである。イギリス貴族には、現代にも生き残っていけるだけの柔軟性と伸縮性とが備わっていることを、読者のみなさんには是非ともこの本からつかみとっていただければと念じている。

＊なお、本書では一七〇七年五月一日にイングランドとスコットランドが合邦を遂げて以降のこの国（グレート・ブリテン王国）を「イギリス」と呼ぶことにする。それ以前は、イングランド、スコットランドといった区分を明確にしておきたい。

教養としてのイギリス貴族入門◆目次

はじめに　3

第一章　イギリス貴族の源流と伝統　13
貴族の誕生　イングランド貴族の起源　五つの爵位の登場（公爵・侯爵・伯爵・子爵・男爵）　ジェントリの存在　序列に厳しい貴族社会
コラムⅠ　貴族のたしなみ――狩猟と釣り

第二章　歴史の担い手としてのイギリス貴族　53
議会政治の支配者として　外交と帝国の中枢として　イギリス経済の牽引役として　地域社会の要として　文化の発信者として
コラムⅡ　貴族の季節《シーズン》――ロンドンでの社交界

第三章　栄枯盛衰のイギリス貴族史　89
✤デヴォンシャ公爵家✤
有名哲学者ホッブズを家庭教師に　「清教徒革命」のさなかに亡命　「名誉革命」で公爵家へ　首相に就任した第四代公爵　奔放な夫婦生活を送った五代公　チャッツワース・ハウスに造られた巨大温室　岩倉使節団を圧倒

した巨大噴水　株式投資で一山当てた八代公　財団化によって今も健在

◆ソールズベリ侯爵家◆

エリザベス一世の女王秘書長官として　伯爵位とハットフィールド・ハウスの獲得　革命に翻弄されたソールズベリ一族　中興の祖となった女傑メアリ・アメリア　苦労人だった第三代侯爵　兄の急死から首相就任へ　華麗なる五兄弟　ロイド＝ジョージを失脚に追いやった四代侯　「ソールズベリ原則」を確立した五代侯

◆グレイ伯爵家◆

「イギリス紅茶の代名詞」となった貴族　「稀代の名演説家」の二代伯　首相として政治改革を実現　南アフリカ会社で築いた莫大な財産　分家から内務大臣と外務大臣を輩出　幣原や近衛も尊敬したグレイ外相

◆アスター子爵家◆

アメリカの大富豪に生まれて　「新聞男爵」から子爵へ　米国人女性ナンシーと結婚　子爵継承と政治生命の終わり　イギリス史上初の女性議員公共の福祉に尽力した兄弟

♣バイロン男爵家♣
パリで客死した初代男爵　海軍提督の祖父、女たらしの父　一〇歳で男爵に、二四歳で一流詩人に　ギリシャに死す　コンピューターの発展に寄与した一人娘
コラムⅢ　ジェントルマンズ・クラブ――貴族の密談場

第四章　現代に息づくイギリス貴族の影響　139

貴族たちのたそがれ――農業不況と相続税　第一次世界大戦の余波――貴族政治から大衆民主政治へ　第二次世界大戦後の状況――「お殿様」の時代の終わり　貴族院の衰退　貴族院の起死回生――一代貴族と一代庶民の登場
世襲貴族院議員の激減と今後の貴族社会
コラムⅣ　カントリー・ハウスの現在

第五章　二〇世紀のイギリス貴族たち　169

♣ヒューム・オブ・ハーセル（一代）男爵♣
ヒューム一族の系譜　スコットランドとイングランドの狭間で　政界入りした第一四代　爵位を放棄して首相に就任　晩年には開高健と鮭釣りに

✤オルトリンガム男爵家✤
皇太子や首相の知遇を得た父エドワード　ケニア総督や陸軍政務次官を経て男爵に　政治評論家となったジョン　過激な女王批判で暴行を受ける　爵位を放棄し、評伝作家として活躍

✤マウントバッテン女性伯爵✤
ドイツ出身のマウントバッテン家　第一次大戦で受けた屈辱　海軍司令官として日本に勝利　女性伯爵の誕生　「父の仇」との和解を喜んだ二代伯
コラムⅤ　貴族を描いた映画

おわりに　193

主要参考文献　199

第一章　イギリス貴族の源流と伝統

貴族の誕生

英語で貴族のことをaristocrat（アリストクラート）と表現する。語源はヨーロッパ文明の源流というべき古代ギリシャ語のaristos（ἄριστος）にある。「すぐれた」「優秀な」などという意味があり、ここから転じた英語のaristocracy（貴族政治）は、もともとは「最善の人々による統治（優秀者支配）」を意味した。

狩猟採集時代の人類は、その日の糧《かて》を手に入れるだけで精一杯という日々が続いたが、いまから一万年ほど前の紀元前八〇〇〇年頃に「新石器時代」が始まると、ここに変化がおとずれる。人々は植物を栽培して農業を営み、家畜を飼育して牧畜を営むようになった。やがて人々は本格的に定住生活を始め、農業でも牧畜でも「蓄財」が可能となっていく。ここに社会分化、階層制度、さらには征服といった現象も生じる。

それが定住する地域に「首長」を生み出し、村から都市、さらに広大な地域へと発展を遂げていくにしたがい、首長は「王」や「皇帝」へと変貌していく。世に言う「世界四大文明圏」に名を連ねる、古代のエジプトやメソポタミア、インドや中国には、このような過程で君主とそれを取り巻く貴族層とが社会の最上層部に誕生した。

古代ギリシャに次いで、のちのヨーロッパ文明圏に絶大な影響を残した古代ローマでも、王制期であった紀元前七世紀頃から市民間に富の不均衡が生じ、「父たち（パトレス）」に語源を持つ「パトリキ（patricii）」が、元老院議員とともに貴族を意味する語となった。こののち政治の主導権をめぐり、パトリキとプレブス（平民）のあいだで身分闘争も生じたが、共和制へと転じたのちの紀元前四世紀頃からは、有力家門の出身でなくとも実力で役職に登用される制度へと変わり、指導者の資質として重視された「徳（virtus）」を備えたものが「ノビレス（nobiles）」と呼ばれる新たなる貴族として登場する。

ノビレスはラテン語（古代ローマの言語）では「名の知れた人」という意味であるが、これがのちに英語で「高貴な」を意味する noble や、「貴族」を意味する aristocrat とは別の言葉である nobleman の語源となるわけだ。

紀元前一世紀の後半に、ローマは帝国へと変わり、皇帝が独裁的な権力を掌握していく。ここにかつてのような貴族は姿を消していくが、ディオクレティアヌス帝（在位二八四～三〇五年）の時代に広大なローマ帝国の各地を治める軍団の司令官が、皇帝直属の配下により占められることとなり、彼らは「dux」と称せられていく。のちに日本語で「公」と訳されることになる称号の登場である。

また、次代のコンスタンティヌス帝（在位三〇六～三三七年）は、宮廷における自らの側近らを要職に就け、帝国の中枢部や属州総督などに重用した。彼らは「comes」と呼ばれたが、これは英語の companion に相当し、まさに皇帝の「お仲間」という意味である。これまたのちに日本語で「伯」と訳される称号へと転じていく。

こんにちのヨーロッパ世界の大半を支配下・影響下に置いたローマ帝国も、三九五年には東西に分裂し、さらに西ローマ帝国は五世紀末に滅亡してしまう。東ローマ帝国のほうは紆余曲折を経ながらも一五世紀半ばまでは存続できたが、かつての西ローマ帝国の領域には、公（dux）や侯（princeps：独立した小王）、伯（comes）が次々と現れ、彼らが支配する大小様々な国へと分裂していった。

こうしたなかで、有名なカール大帝（在位七六八～八一四年）によってフランク王国が最盛期を迎え、かつてのコンスタンティヌス大帝と同様に、カールは自らの側近を

「伯」とし、広大な領土をいくつもの伯管轄区（伯領）に分けてここを統治させた。カール大帝の時代には王国内に五〇〇に近い伯領が存在し、伯は王権の意向を住民らに伝達するとともに、裁判集会の主宰、軍隊の召集・統率、治安の維持、懲罰や犯罪の取り締まりなどを担当した。伯領の大きさはまちまちであったが、大きな伯領では伯による管理だけでは足りず、副伯（vicaria）による統治に託されることもあった。

カール大帝の死後、フランク王国は東（のちのドイツ）、西（のちのフランス）、中部（のちのイタリア）という三王国に分割され、伯たちのなかからはやがて王侯貴族として強大な権力を握るものも現れていった。

イングランド貴族の起源

ヨーロッパ大陸の西側が、王だけではなく、より勢力の小さな貴族たちによっても統治されていくなかで、北西端のイングランドやスコットランドにも様々な支配者が登場した。紀元前一世紀半ばのユリウス・カエサルによる遠征以来、彼らローマ人から「ブリタニア」と呼ばれていた現在のイギリスは、強大なローマ帝国の支配下に組み込まれるようになった。それまではケルト人によって支配されていたこの島は、「ローマ支配下のブリテン」となる。やがて両者の文化は融合し、三世紀までには同盟者となった。

しかし五世紀から七世紀にかけての「ゲルマン民族の大移動」の一環として、アングル族やサクソン族がこの島を制覇し、ケルト系の人々は島の北端（スコットランド）、西端（ウェールズ）、さらには西隣のアイルランド島へと追いやられる。ブリテン島の主要部分は彼らに支配され、やがて「アングル族の土地」から「イングランド」と呼ばれることになったのである。

とはいえ新参者のイングランドはもとより、スコットランドにもウェールズにも、七世紀の段階ではひとりも「王」などはおらず、群雄割拠の状態が続いた。これも諸説があるが、イングランドがひとりの支配者（王）によって統轄されていくのは、一〇世紀の後半ぐらいからのことである。この頃までには、西ヨーロッパの大半はキリスト教が主要な宗教となっており、ヨーロッパ大陸の有力者の多くが皇帝や王に即位する際に教会から祝福（聖別）を受けるようになっていた。

すなわちそれまでは聖職者にしか施されてこなかった「塗油《とゆ》」という、王に聖油を塗る儀式に始まり、王に冠をかぶせる「戴冠式」がおこなわれるようになったのである。

イングランドでも王国をほぼ統一したとされるエドガー王（在位九五九～九七五年）の時

代にバースの修道院で華やかな戴冠式が挙行されている（九七三年）。

　しかし当時のイングランドでは、まだまだ王権は盤石たるものではなかった。お隣のフランスでは三〇〇年以上（九八七～一三二八年）にわたって王位が順当に継承されてきたのとは異なり、イングランドではこれと同時代に王位をめぐる争いが絶えなかったのである。

　このためエドガー王の伯父にあたるアゼルスタン王（在位九二四～九三九年）が即位した頃から、王は聖職諸侯（大司教や司教、大修道院長など）と世俗諸侯（伯と諸侯《バロン》）を集め、彼らに次代の王位などについて相談していた。これが「賢人会議」と呼ばれるもので、のちのイギリス議会の源流となる組織である。さらにイングランドは、デンマークから王を迎えることもあり、王の留守を預かる賢人会議の権限は強まっていった。

　こうしたなかで迎えたのが「ノルマン・コンクエスト（征服）」である。一〇六六年に、エドワード王が世継ぎを残さず亡くなり、王位継承は三つ巴の様相を呈したが、最終的に勝利を収めたのが現在のフランス北西部を治めるノルマンディ伯ギヨームであった。彼は英語名「ウィリアム一世（在位一〇六六～八七年）」としてイングランド王も兼ねることになった。

しかしいまでいう「フランス人」が支配者となることに反発する貴族たちもおり、王は配下のノルマンディ貴族らと大遠征をおこなって反乱を鎮圧した。この結果、それまでは四〇〇〇人ほどのアングロ・サクソン系の貴族によって保有されていた土地が、ノルマンディ系の二〇〇人弱の有力者に分け与えられることとなったのである。彼ら新しい支配者はフランス語を日常語に使い、英語は卑しい庶民の言語に格下げされてしまった。これが「征服」といわれるゆえんである。彼ら有力者は「諸侯（Baron）」と呼ばれた。

このノルマン王朝（一〇六六～一一五四年）では、王と諸侯が支配の拠点に置いていたのはノルマンディのほうであり、イングランドは大陸の所領を守るための財源にすぎなかった。このため王はたびたび「海峡をまたいで」双方の領土を統治しなければならなかった。ウィリアム一世はその治世二〇年ほどのあいだに、なんと海峡を一八回も渡って統治に腐心したのである。それゆえ王の留守中を預かるイングランドの賢人会議の権限はさらに強まっていった。

次のプランタジネット王朝（一一五四～一三九九年）の時代になると、賢人会議の力はより強大となる。王朝の開祖であるヘンリ二世（在位一一五四～八九年）は、両親と妻からの相続の関係で、現在のフランスの西半分に相当する広大な領土を支配することになったのである。このためヘンリはスコットランドとの境からピレネー山脈にまでいたる地域を防衛しなければならず、その遠征費を賢人会議を構成する諸侯らに依存した。ヘンリは重要な決定事項は必ず諸侯らに諮《はか》った。フランス生まれのヘンリ二世の時代までには、賢人会議は「パルルマン（Parlement）」と呼ばれるようになった。

パルルマンによる協力のおかげで、ヘンリ二世は治世（三四年八カ月）の六割（二一年一〇カ月）をフランス各地での統治に充てることができたとされている。

そしてヘンリ二世の末男ジョン（在位一一九九〜一二一六年）の時代には決定的な事件が起こっている。偉大なる父王ヘンリ二世の時代から、「アンジュー帝国」とも呼ばれたその広大な所領は周辺の王侯たちからつねに狙われていた。なかでも野心家のフランス王フィリップ二世が、一三世紀初頭にアンジュー帝国におけるフランスの北半分を支配下に置いてしまった。ジョンはこれを奪回したかったのだが、もはやイングランドの諸侯らは金も出してくれず、王に付き従って遠征にも出てくれなくなっていた。

ノルマン征服の時代には、王はもとより諸侯らもノルマンディとイングランドに土地を有していたが、それから一五〇年近くも経つうちに、それぞれの家は本家（ノルマンディ）と分家（イングランド）に分かれるようになり、イングランド諸侯はいまや大陸にはいっさい利害を持たなくなっていたのである。しかも大陸の諸侯のほうは、ほとんど姿を見せないイングランド王よりは、パリに勢力を誇るフランス王になびくようになっていた。

ここでジョン王が再びイングランド諸侯らに重税を課そうとして、彼らから反発を受けて突きつけられたのが有名な「マグナ・カルタ（大憲章）」である（一二一五年）。諸侯による承認のない勝手な課税や不当な逮捕・投獄は、この憲章により禁止された。さらに次代のヘンリ三世（在位一二一六～七二年）の時代までには、イングランドで有力者らが話す日常言語は英語となり、パルルマンは英語で「パーラメント（Parliament）」と呼ばれるようになる。こんにちにも続くイギリス議会を意味する用語の登場である。

変わったのは言語だけではない。ヘンリ三世の時代以降、王は議会への相談なくして政治を進めることは難しくなった。この時代から、それまで聖俗の諸侯たちのみが招かれていた議会に、より下の「庶民たち（commons）」と呼ばれる、各州（地方）からの代表や各都市からの代表らも参加するのが慣例となっていった。

それはやがて二院制の議会の登場へとつながった。エドワード三世（在位一三二七～

七七年）の治世にあたる一四世紀前半までに、議会には全国の住民たちから数々の請願書が寄せられるようになっていた。これらの請願の内容を審議するのは、聖俗の大土地所有者からなる「貴族院（House of Lords）」の役割となり、全国から請願を議会に届ける役割を担った「庶民院（House of Commons）」とは分かれて審議をおこなうようになったのだ。

こうして一四世紀半ばまでには、二一世紀の現代にも連綿と続く、イギリス議会政治の原型が姿を現すことになったのである。

五つの爵位の登場（公爵・侯爵・伯爵・子爵・男爵）

議会内に貴族院が登場する頃までに、これを構成する爵位貴族（titled peer）にも序列がつけられることになった。ノルマン征服からマグナ・カルタにいたる時代までは、イングランドに世俗の貴族は伯（Earl）か諸侯（Baron）しか存在しなかった。それがヨーロッパ大陸からの影響も受けて五つの爵位へと分かれていく。この過程で、Earl も Baron もそれぞれ五等爵のうちのひとつとして組み込まれていくこととなった。

それではイングランド（イギリス）における五つの爵位について解説していこう。

［公爵（Duke）］

先にも紹介したとおり、ローマ帝国のディオクレティアヌス帝の時代に、各地に派遣される軍団の司令官がduxと呼ばれ、西ローマ帝国崩壊後にドイツ各地やイタリアに「公もしくは大公（dux）」と称される有力な諸侯が登場する。それは一〇世紀頃までには貴族の最高位を示す爵位へと転じていった。イタリアではduca、フランスではduc、スペインではduqueと、ラテン語のduxがそれぞれの言語になまったかたちで表現されていく。

ゲルマン系のドイツでは、同じく軍団の司令官を意味するドイツ語のHerzogが公爵の称号に使われるようになった。

イングランドでは、大陸の多くの国々と同様にラテン語のduxからなまって「Duke（デューク）」が公爵を意味する称号となった。しかし、実際にイングランドにdukeが登場するのはなんと一四世紀になってからのことなのである。

その理由は「ノルマン征服」にあったとされる。一〇六六年にイングランド王位を獲得したウィリアム一世は、もともとは「ノルマンディ公爵（Duc de Normandie）」ギヨームであった。確かに彼はイングランドでは「王（King）」であるが、ヨーロッパ大陸に一歩足を踏み入れれば「公」となってしまう。しかもかたちのうえでは、フランス王国内ではパリのカペー家の王に臣従礼（王の前にひざまずく）を取らないといけない。

実はノルマンディの領主は、一〇六六年時点においては「公（duc）」ではなく「伯（comte）」にすぎず、ウィリアム（ギヨーム）の祖父にあたるリシャール（公としての在位九九六～一〇二六年）の時代から、自分は伯ではなく公だと「自称」していたのである。

こうしたことからノルマン王朝の王たちはもとより、プランタジネット王朝になってからも、歴代のイングランド王は自身と同じ格付けになる「公」をイングランドの貴族らに与えるのを躊躇していたとされている。それは先に紹介した、ジョン王がフランスに持つ所領の北半分をフランス王に取られてしまってからも、南の「アキテーヌ公爵（Duc d'Aquitaine）」領を保持していたため、基本的には変わりがなかった。

イングランドに初めて「公爵」が登場するのは、エドワード三世が皇太子エドワードを「コーンウォール公爵（Duke of Cornwall）」に叙した一三三七年のことだった。ちょうど王がフランスとの「英仏百年戦争（一三三七～一四五三年）」を開始した頃のことである。その後、エドワード三世は自分の息子たちを次々と公爵に叙していく。のちに

「バラ戦争（一四五五～八五年）」と呼ばれる内乱で衝突する、ランカスタ公爵家とヨーク公爵家はいずれもエドワード三世の王子の家に起源を持つ。

王族以外で公爵に初めて叙せられた事例は、一四四八年に叙爵された「サフォーク公爵（Duke of Suffolk）」となる。しかしこの家は、その後の様々な政争に巻き込まれ公爵位を剝奪され、現在では伯爵家として存続している。

現在にまで続く家柄として最も古いのは、ノーフォーク公爵家である。バラ戦争の末期に登場した王リチャード三世（在位一四八三～八五年）によって功績を認められた、ジョン・ハワードを開祖としており、彼はイングランド北部に拡がる所領の名前から「ノーフォーク公爵（Duke of Norfolk）」に叙爵された。一四八三年のことだった。これ以後、ノーフォーク公爵家はそれぞれの時代の波に翻弄されることもあったが、こんにちに至るまで存続しており、イングランドの筆頭公爵であると同時に、イギリスで最も格式の高い貴族とされている。

また、スコットランドでは一六四三年に叙せられた「ハミルトン公爵（Duke of Hamilton）」が筆頭の地位にある。

イギリスの貴族社会では、「公爵（Duke）」は別格中の別格である。このあと紹介する、侯爵から男爵にいたる残りの四つの爵位はその家の姓に爵位名を冠してもよい。たとえば、一九世紀末から二〇世紀前半に活躍した政治家で、インド総督や外務大臣などを歴任したジョージ・カーズンはもともとはスカーズデール男爵家（Baron Scarsdale）に生まれたが、インド総督に就任するにあたり「カーズン男爵（Baron Curzon）」に叙され（一八九八年）、最後は「カーズン侯爵（Marquess Curzon of Kedleston）」にまで陞爵《しょうしゃく》している。

ご覧のとおり、カーズンの場合には姓をそのまま爵位名に使っており、最後の部分には一族にゆかりのある土地の名前をつけている。

しかし公爵ともなると、必ず爵位には地名を冠さなければならないという慣習がある。日本でいう「薩摩守《さつまのかみ》」や「陸奥守《むつのかみ》」にもあたるような慣習ともいえようか。ここに面白いエピソードがある。第二次世界大戦の英雄でときの首相ウィンストン・チャーチルは、大戦が終わりもう一度首相を務めたのち、一九五五年四月にこれも勇退した。このとき、当時のエリザベス二世女王（在位一九五二〜二〇二二年）がこの英国政界の最大の功労者に公爵位を贈りたいと申し出た。しかしチャーチル翁はこれを辞退したのである。

チャーチル自身はマールブラ公爵家という歴《れっき》とした最高位の貴族の家柄に生まれたが、

自身は「平民」として人生を全うしたかったようである。さらにもし「公爵」ともなれば、「チャーチル」の姓は消えてしまう。このときロンドン（ハイドパーク）に屋敷のあるチャーチルには「ロンドン公爵」か、儀礼上の役職として当時就いていた五港長官という中世以来のイングランド南部の五つの港の代官職から「ドーヴァー公爵」という爵位名が検討されていたようである。しかし彼にとっては、誰だかわからない爵位をもらうよりも、輝ける「チャーチル」の名前を残したかったのではないかといわれている。

公爵は爵位名の付け方でも別格であるが、尊称もまた他の爵位とは異なる。二人称で呼びかけるときは「閣下（Your Grace）」となる。これは大主教など高位の聖職者のための尊称とも同じである。侯爵以下の貴族は日本語でいえば「閣下」で同じになるが、英語では「Your Lordship」と呼びかければよい。

また、侯爵以下の貴族の場合には、爵位名もすべて「Lord（卿）」という言葉で略することができる。たとえば先に登場したカーズン侯爵のことも「カーズン卿（Lord Curzon）」と呼びかけても怒られるようなことはない。

しかし公爵については「Lord（卿）」で省略しようものなら大変なお叱りを受けることと間違いなしである。さらにこの公爵をはじめ、すべての爵位には先祖が叙せられた順番に基づく「序列」が厳格に存在する。その点は、またあとで詳しく触れていきたい。

［侯爵（Marquess）］

公爵の次にくる爵位が「侯爵」となる。日本語では同じく「こうしゃく」と発音するため少々紛らわしいが、ご覧のとおり英語やヨーロッパの言語ではまったく異なる用語となる。西ローマ帝国が滅亡したあと、dux が次第に最高位の爵位を意味する言葉となったが、それに次ぐ格付けを示すようになったのが、英語で prince に転じるラテン語の「princeps（プリンケプス）」であった。もともとは初代ローマ皇帝となるアウグストゥスが元老院から贈られた称号のひとつで「第一人者」を意味する。すなわち元老院で最初に発言する権利を持つ文字通りの国家の第一人者である。

この princeps は「君侯」と日本語で訳されるが、西ヨーロッパ世界では「王」より格が下がるが「公」よりは格上という意味でやがて使われていく。このためブリテン島のスコットランドやウェールズでは「大公」の意味で使われるが、その点はのちほど説明していきたい。

しかし、やがてヨーロッパ大陸では dux の地位が確立されてしまう。ドイツでは

princepsと同じく第一人者の意味を持つ「Fürst（フュルスト）」がHerzog（公）に次ぐ爵位に位置づけられ、日本語では「侯」と訳されることになった。

またその他のラテン語系の言語を用いる地域では、このあと紹介する「伯」より格上の「辺境伯（ラテン語ではmarchio）」が侯爵を意味する爵位へと転じていった。イタリアではmarchese、フランスではmarquis、スペインではmarquésとなまり、イギリスでも英語になまってMarquessもしくはMarquis（マークゥイス）と呼ばれるようになった。

ところが侯爵がイングランドに登場するのは意外と遅く、一三八五年にリチャード二世（在位一三七七～九九年）によって「ダブリン侯爵（Marquess of Dublin）」に叙せられたロバート・ド・ヴェールが最初である。あとで紹介する「子爵」と同様、侯爵はヨーロッパ大陸の称号であるという感覚がイングランドでは強く、伯爵や男爵と比べても数が少ない。

［伯爵（Earl）］

ヨーロッパ大陸の爵位名とまったく異なるのがこの「伯爵」である。先にも記したが、古代ローマ帝国でコンスタンティヌス大帝が自らの側近を帝国各地の属州の総督に任じてできあがったcomesという称号は、フランク王国のカール大帝にも引き継がれ、カールの時代にはおよそ五〇〇もの伯領が存在した。これがそのままイタリアでconte、フランスでconte、スペインでcondeへと転じ、それぞれ侯爵の次の爵位へと定着した。

同じくフランク王国に属したものの、東部のドイツではカール時代から派遣されていたcomesと並んでこれより若干格の下がるGrafと呼ばれる在地豪族も総督のような役割を担うようになり、やがてドイツではGrafが伯爵として定着していく。

さてイングランドであるが、ここでは大陸のcomesともGrafともまったく違う語源の名称が伯爵とされることとなる。きっかけは一一世紀のカヌート大王（在位一〇一六〜三五年）の登場である。彼はデンマークの王子であったが、イングランドへと侵攻し、賢人会議によって王と認められた。ところがその直後に兄が急死し、デンマーク王も兼ねることとなり、さらにノルウェーやスウェーデンにも及ぶ広大な「北海帝国」を支配するまでにその勢力は伸張してしまった。

このため彼の留守中にはイングランドは総督たちによって統治が託された。ヨーロッパ大陸で comes と呼ばれることの多かった総督を意味する言葉として、スカンジナビアの jarl（ヤール）が採用され、これが古代の英語になまって Earl（アール）となったのだ。

このときのもっとも有名な「伯」は、イングランド中央部のマーシア地方を治めた伯のレオフリックであろう。彼自身が偉大な業績を残したというより、彼の妃が伝説的な女性としていまの世にも名を残しているといったほうが精確である。夫の圧政をただそうと、自ら犠牲となって夫からの条件をのんだ彼女は、マーシアの都であるコヴェントリを全裸で馬に乗って一周したとされる。いわずとしれた「レディ・ゴディバ（ゴダイヴァ）」の物語である。ベルギーの有名なチョコレート会社の登録商標にもなっているが、この物語はどうやらあくまでも「伝説」にすぎないというのがいまや定説である。

もともと Earl という称号はこのように古くから存在したが、これが侯爵に次ぐ爵位とされるようになったのが、エドワード三世の治世である。彼は友人六名をソールズベリ伯爵やダービー伯爵などに叙したのを皮切りに、その治世で一一名の伯爵を創設している。

なお、Earl はあくまでもイングランドの伯爵に充てられる言葉であり、ヨーロッパ大陸（さらには諸外国）の伯爵には、comesから転じた英語で「Count」を使っている。

ここにも面白さとともに厄介な慣習が残ってしまった。Earl以外のイングランドの貴族の奥方はすべて夫の爵位名を女性形にした称号で呼ばれる。Dukeの奥方はDuchess、Marquessの奥方はMarchioness、Baronの奥方はBaronessといった具合にである。

ところがEarlの奥方はEarlessとはいわず、なぜかCountessと呼ばれる。英語の発音として言いにくいのが理由なのかもしれないが、ラテン語のcomesの奥方comitissaから由来する英語ということになる。ただしこれもEarlが爵位のひとつになってからの習慣のようで、総督職としてのEarl（伯）が通常であったレオフリックの時代には奥方は「Lady Godiva」と呼ばれていたわけで、まだCountessではなかった。

[子爵（Viscount）]

そして伯爵の次にくるのが「子爵」ということになる。こちらはカール大帝と伯の話のところでも触れたが、伯の管轄区域が大きい場合には、伯に代わって小規模な領域を統治する「副伯（ラテン語ではvicecomes）」に由来する言葉となる。やがて彼らは伯から封土を与えられ、「子爵」として伯爵に次ぐ爵位となった。イタリアではvisconte、フランスではvicomte、スペインでvizconde、ドイツでもVicomteと同じ語源によっている。

イングランドでも子爵はvicecomesに由来するViscount（ヴァイカウント）と呼ばれるようになったが、この地に子爵位が根づくようになるのは五等爵でも最も遅く一五世紀になってからのこととなる。

すでに「伯爵（Earl）」の説明のところでお気づきのとおり、そもそもイングランドでは「伯」はcomesを語源にしていない。だからその「副官（vice）」もいるわけがない。地方総督たるEarlの下で州知事を務めていたのはsheriffと呼ばれる役職であった。それゆえリチャード二世の時代（一四世紀後半）まではViscountはいなかったのだ。イングランドに初めて子爵が登場するのは、ヘンリ六世（在位一四二二～六一、七〇～七一年）の治世の一四四〇年のことであり、王の忠臣ジョン・バウモントがバウモント子爵（Viscount Beaumont）に叙せられたときのこととなる。

［男爵（Baron）］

五等爵の最後を飾るのが「男爵」である。語源としては最も古く、古代ギリシャ語で

テン語でbaroとなった。ローマでは「一人前の男」を意味したそうである。

「重い」を意味する言葉が、重労働もしくは傭兵の意味に転じ、ローマ帝国の時代にラ

みなさんもお気づきかと思うが、本書で用いる日本語での爵位名は、すべて古代中国の春秋時代（紀元前七七〇～前四〇三年）に登場し、紀元前六世紀までに定着した中国での五等爵を、明治以降の近代日本で新たに「華族」を形成する際に（一八八四年）、当時のヨーロッパの爵位にあてはめた訳語となっている。

ヨーロッパでも中国でも貴族の爵位が五つに集約され、その最下位の爵位がいずれも「男」を意味するというのも、偶然にしてはできすぎているようにも思われる。洋の東西を問わず、ここでいう「男」とは「自由人」を意味し、他のだれからも命令など受けず、また身柄も拘束されていない人間を意味したのかもしれない。

イタリアのbarone、フランスのbaron、スペインのbarónは、いずれもラテン語のbaroを語源としているが、ドイツではこれに呼応するかたちで「自由身分の男性」に起源を持つFreiherrを男爵という意味に充てているのである。

イングランドでもBaron（バロン）が男爵として、一四世紀から爵位貴族の一員に認められたが、すでに本章でもたびたび登場しているとおり、Baronという用語は一一世

紀末のノルマン王朝の時代からすでに存在していた。ノルマンディでは一一～一二世紀の段階でBaronは「その地域の指導的な人物」という意味で使われていた。これがイングランドでは領主の家臣や、伯ほどの力は持たないが、各地方の有力な豪族を意味する「諸侯」の訳語にあてはめられた。

ちなみにフランスでは一二世紀後半になると、「その地域で指導的な人物」を意味する言葉としてpairs（ラテン語のparesに起源）が登場し、これがのちに「貴族」を意味するpeersという言葉へと変じていくのである。

爵位としての男爵は、リチャード二世時代にジョン・ド・ホールトがキッダーミンスタ男爵（Baron Kidderminster）に叙せられたのが始まりとされる。一三八七年のことである。

以上の五つの爵位のいずれかを有するものが爵位貴族となり、イングランドでは貴族院議員の資格を与えられ、王を支える有力者として認められることとなったのである。

ジェントリの存在

さて先にも少し述べたが、上記の五つの爵位以外にも、古代ローマのprincepsに起源をもつ「Prince」という称号が存在している。スコットランドとウェールズでは当初「君侯」という意味で、王より格が少し下がる有力者が名乗っていた。しかし、一二世紀にはスコットランドにも「王」が登場し、一三世紀以降にはPrinceはウェールズの支配者のみが用いるようになった。日本語では「ウェールズ大公（Prince of Wales)」と訳される。

もちろん最初はウェールズ出身の豪族が名乗っていたが、一四世紀からはイングランド王の長男（皇太子）がこの称号を帯びるようになり、こんにちにいたっている。また、Princeは息子たちを Dukeに叙したエドワード三世の時代から、王族の男子の尊称としても用いられるようになった。

ところでそのエドワード三世の時代、それまでひとつしかなかった議会は二院制となり、貴族院は聖職貴族と世俗の爵位貴族とから構成されるようになった。

対する庶民院のほうは、地方（主に農業利害）を代表する州選挙区と、都市（主に商工業利害）を代表する都市選挙区とに分かれ、州選挙区から騎士（Knight：ナイト）が、都市選挙区から市民（Burgess：バージェス）が、それぞれ議員として選出されるようになった。

騎士とは、その名のとおり騎兵であり、王侯の求めに応じて戦場に駆けつける際にも、通常の歩兵などと比べて格上とされる存在であった。中世フランス語で chivarel と呼ばれ、これが「ノルマン征服」後にイングランドにも伝わって英語で cniht となまり、つづりもいつしか knight となったようである。騎士は姓名に「Sir（サー）」の尊称をつけることができる。これはラテン語で「目上の男性」を意味する seniores に起源をもち、イタリア語の senior（シニョール）やフランス語の sire（スィア）も同じである。

また、騎士のすぐ下位に「Esquire（エスクワイア）」と呼ばれるものたちが登場する。ラテン語で楯（scutum）を持つ役割を担う scutiger や scutifer という言葉が、フランス語の escuier に転じ、やはり「ノルマン征服」以後にイングランドに伝わって、esquire や squire という英語になったわけである。

さらにエスクワイアの下には、ラテン語で「高貴な」という意味の gentilis に由来する英語の gentle から「Gentleman（ジェントルマン）」と呼ばれるものも登場した。

これら三つは一様に中小の地主階級であり、地方を代表する庶民院議員に選ばれることも多かった。そして一七世紀になると、金欠に悩んでいた国王ジェームズ一世（在位一六〇三〜二五年）が、騎士たちの名誉心につけこんで新たな称号を造ることになる。それが「Baronet（バロネット）」である。日本語では「准男爵」と訳されるが、精確にはこれは爵位ではない。騎士のなかでも特に富裕なものにこの称号を「買い取らせ」、彼らは代々「Sir」の尊称を名乗れるようになった。それまでSirを名乗れたのは騎士だけであったが、それは騎士に叙せられたもの一代に限る栄誉であった。准男爵の場合には、親から子、孫へと世襲でSirを名前の前に冠することができるようになったのである。

このように爵位貴族より土地や財産でも劣る中小の地主たちは、ジェントルマンと同じ語源から「ジェントリ（Gentry）」と総称されるようになった。中世以来、イングランドでは爵位貴族とジェントリとが政治や経済、社会や文化で中心的な役割を担い、ふたつをあわせて「地主貴族《ジェントルマン》階級」と呼んでいる。中世から二〇世紀前半までのイギリス史はまさにジェントルマンたちが支配したといっても過言ではない。

ただし、「表1‐1」からもおわかりのとおり、爵位貴族とジェントリとではその財力にはかなりの開きがあった。貴族とはいえ所領の小さいものもいたし、爵位を持たな

「表１－１」19世紀半ばのイングランドにおける各階級の平均年収
出典：木畑洋一・秋田茂編『近代イギリスの歴史』（ミネルヴァ書房、2011年）

階　級	年　収
大貴族	30,000ポンド
中小貴族・大商人・大銀行家・大工場主	10,000ポンド
ジェントリ・高位聖職者・高級医師・法廷弁護士・実業家	1,000〜2,000ポンド
医師・弁護士・官僚（典型的な中産階級）	300〜800ポンド
会社員・学校長・ジャーナリスト・小売店主（下層中産階級）・高度熟練工・職人（上層労働者階級）	150〜300ポンド
熟練工・鉄道運転手	75〜100ポンド
半熟練工・熟練女性工員	50〜75ポンド
船員・水兵・高級家内使用人	45ポンド
農場労働者・陸軍兵士	25ポンド
家内使用人・最下級店員・お針子	12〜20ポンド

いが、広大な土地を持つジェントリもいたはずである。しかしそれはごく少数派にすぎず、貴族とジェントリには土地の広さひとつをとっても歴然とした差があった。

両者の境界線を明確にすることは難しいが、一八世紀後半から一九世紀にかけてひとつの目安となるのが「一万エーカー」という所領の大きさである。これも時代と地域で若干異なるが、当時の地代収入は一エーカーにつき一ポンドという事例が多かった。すなわち爵位貴族であれば最低でも年間に一万ポンドの地代収入が見込まれたということになる。

「エーカー（日本式でいえば約一二二四坪）」という単位はなかなか日本人になじみがなく、想像するのが難しい。卑近なたとえで大変恐縮であるが、現在、著者が勤めている大学は神奈川県の横浜市金沢区という場所にある。鉄道の駅でいえば、京浜急行（京急）の京急富岡から金沢八景、六浦まで五つの駅をまたぐことになる。それだけの大きさでも金沢区の面積（約三一平方キロ）は一万エーカー（約四〇平方キロ）には及ばない。

平均的な値でいえば、金沢区すべてを領有していても、イギリスでは「大きめのジェントリ」にすぎないのである。第二章でも見るとおり、当時のイギリスには現在の神奈川県はおろか、埼玉県や千葉県ぐらいの所領を持つ公爵たちもざらにいたのである。

また、第二章でも見ていくとおり、イギリスの上流階級は「長子相続制」を厳格に採用し、爵位はもとより、土地や財産のすべてが長男によって相続された。このため貴族の家に生まれたとはいえ、「次三男以下の男子」（英語ではYounger Sonsという）は自分で生計を立てていかなければならなかった。しかし生まれは貴族である。最底辺の労働者階級のような生活を送られたり、あまりにも貪欲に商売に手を出されたりしても家名に傷がつく。

こうした貴族らの次三男に一六世紀以降に用意されていったのが、「専門職《プロフェッション》階級」

と呼ばれる格の高い職業だった。イングランド国教会の聖職者、海陸軍の将校、法廷弁護士、内科医、大学教員や高級官僚など、いずれも専門的な知識を学ぶのに修養を必要とし、大学や士官学校、兵学校、あるいは法学院など「お金のかかる教育」を受ける必要があった。そしてこれらの職業は、政治家として領民（最終的には国民）を守る兄（長男）たちと同様に、様々な分野から国民を守る意味も込められていた。

イギリスでは、ジェントルマン階級からなる上流階級に続き、プロフェッション階級が上層中産階級（アッパー・ミドル）の中枢を占めるようになり、ジェントルマンに次いで重要な社会的位置づけを与えられるようになった。

序列に厳しい貴族社会

そのイギリスの最上層階級である爵位貴族の世界のなかにも、これまた厳格な格付けの違いが見られた。

「表1‐2」をご覧いただきたい。中世には五〇前後の家しか爵位貴族に叙せられていなかったのが、一八世紀には二〇〇家を超えるようになり、一九世紀にはさらにその倍の四〇〇家を超える貴族がイギリスに存在するようになった。ただし、その大半は伯子

「表1－2」上院世襲貴族の数の変遷

出典：水谷三公『英国貴族と近代』（東京大学出版会、1987年）

1295年	1327	1487	1559	1603	1615	1640	1700	1800	1830's	1870's	1885
53	7	57	62	56	82	122	173	267	350	400	450

男爵に叙せられたもので、公爵と侯爵はよほどの功績や財力がなければ難しかったのだ。

「表1‐3」は、五等爵の爵位ごとの平均値をとったものではあるが、公爵と子男爵とでは所有する土地の面積も一〇倍ほど異なり、それだけ収入も段違いということがおわかりいただけるであろう。それどころか、公爵と侯爵のあいだにもこれだけの財力の格差が見られたことに、読者も驚かれているかもしれない。もちろん繰り返すがこの数字は平均値であるので、第二章でも見るとおり、富裕ではない公爵もいれば、大富豪の侯爵もいた。しかし最上位の「公爵（Duke）」はやはりイギリスでは別格なのである。

事実、イギリス議会政治で絶大な影響力を振るい、多くの実績を積んだような侯爵たちでさえ、君主から「公爵位」を提示されたときには二の足を踏む場合が多かった。

たとえば、一九世紀初頭から実に半世紀にわたって政界の第一線におり、晩年は「長老政治家」として、ちょうど日本の明治～昭和戦前期の「元老」のように、後継首相の選定や政治的難局に直面した君主からたびたび

「表1－3」1870年代の爵位と土地

出典：水谷三公『英国貴族と近代』（東京大学出版会、1987年）

爵位	総数	所領数	累計面積（エーカー）	平均（エーカー）
公爵	28	158	339万	14万3,000
侯爵	33	121	157万	4万8,000
伯爵	194	634	586万	3万
子爵・男爵	270	680	378万	1万4,000
計	525	1,593	1,460万	3万

相談にあずかることのあったランズダウン侯爵（一七八〇～一八六三）も、その晩年に公爵への昇格をヴィクトリア女王（在位一八三七～一九〇一年）から打診されながら、「そのような財産はない」と辞退している。

また、第三章にも登場するソールズベリ侯爵家でも、一九世紀後半に首相・外相を務め、晩年のヴィクトリア女王を支えた第三代侯爵（一八三〇～一九〇三）が、やはり同じ理由で女王からの公爵位の提示を辞退しているのである。

公爵や侯爵が下位の爵位貴族と差をつけていたのは財力だけではなかった。称号や尊称でも格が違った。前述のとおり、一四世紀に爵位貴族が登場して以来、当初は男爵に叙せられていたような家でも、その後の功績で子爵、伯爵……という具合に陞爵《しょうしゃく》していく事例が多々見られた。また場合によってはいきなり公爵に叙せられるような事例もあった。ただいずれの事例でも、ひとつの家が複数の位の異なる爵位を保有することになった。

そのような場合には、一家の主《あるじ》がその家の最高位の爵位名を名乗るのは当然であるが、その長男（すなわち次代の当主）は父の存命中は次に位の高い爵位名を名乗ることができたのである。これを「儀礼上の爵位（courtesy title）」と呼んでいる。

たとえば先にも紹介したソールズベリ侯爵家の場合には、長男は父の存命中はクランボーン子爵（Viscount Cranborne）を名乗っている。ただしこれはあくまでも「儀礼上」の称号であるため、正式な貴族とは認められず、貴族院に議席を持つことはできなかった。貴族院に入れるのは、あくまでも自身が一家の当主として爵位を受けている場合に限られ、さらに二一歳に達していないといけなかった。幼くして爵位を受け継いだ場合には、爵位は名乗れるが、貴族院議員には二一歳の誕生日を過ぎないと就任できなかった。

これもすでに記したとおり、イギリスの貴族階級は「長子相続制」である。このように長男は爵位を受け継ぐ前から特別扱いであるが、公侯爵の次三男は下位の貴族とは別で、彼らは姓名の前に「卿（Lord）」を付けることを許されている。たとえば第三代ソールズベリ侯爵の場合にも、彼はもともとは第二代侯の次男であったのが、兄の死で爵位を継承することになった。それゆえ、兄の存命中は「ロバート・セシル卿（Lord Robert Cecil）」と呼ばれ、兄の死でクランボーン子爵となり、最後はソールズベリ侯爵となった。

また、本人の才覚で爵位を受けることも、もちろん可能だった。第六代ベドフォード公爵の三男は、当初は「ジョン・ラッセル卿（Lord John Russell）」と呼ばれていたが、やがて庶民院議員として頭角を現し、首相まで務めるようになり、自身の功績で「ラッセル伯爵（Earl Russell）」に叙せられた。その孫が高名な哲学者、数学者で平和運動などでも知られたバートランド・ラッセルだった。彼も兄の死を受けて第三代ラッセル伯爵を襲爵《しゅうしゃく》している。もともと貴族制に反対だったバートランドには皮肉な結末であった。

このような尊称の違いは、当然序列の違いにも反映される。「表1‐4」はいまの世にも続く「宮中席次」である。バッキンガム宮殿やウィンザー城などで宮中晩餐会が催されるような場合には、この序列で部屋に入り、席に着くのである。

ご覧のとおり、君主・王族に次いで、政府（もしくは三権の長）やイングランド国教会の大主教などが席次を与えられるが、そのすぐ次は公爵以下の貴族たちとなるのである。

61	宮内副長官
62	国務大臣
63	子爵の長男
64	伯爵の次三男
65	男爵の長男
66	ガーター勲爵士
67	枢密顧問官
68	財務大臣
69	ランカスタ公領総裁
70	イングランドおよびウェールズの次席判事
71	控訴院判事（任命順）
72	高等裁判所長官（任命順）
73	子爵の次三男
74	男爵の次三男
75	一代男爵の息子
76	准男爵（叙任順）
77	シッスル勲爵士
78	バース勲爵士（勲一等）
79	セント・マイケル・アンド・セント・ジョージ勲爵士（勲一等）
80	ロイヤル・ヴィクトリア勲爵士（勲一等）
81	ブリティッシュ・エンパイア勲爵士（勲一等）
82	バース勲爵士（勲二等）
83	セント・マイケル・アンド・セント・ジョージ勲爵士（勲二等）
84	ロイヤル・ヴィクトリア勲爵士（勲二等）
85	ブリティッシュ・エンパイア勲爵士（勲二等）
86	勲爵士
87	イングランドおよびウェールズの判事
88	バース勲章受章者（勲三等）
89	セント・マイケル・アンド・セント・ジョージ勲章受章者（勲三等）
90	ロイヤル・ヴィクトリア勲章受章者（勲三等）
91	ブリティッシュ・エンパイア勲章受章者（勲三等）
92	殊勲章受章者
93	ロイヤル・ヴィクトリア勲章受章者（勲四等）
94	ブリティッシュ・エンパイア勲章受章者（勲四等）
95	貴族の次三男の長男
96	准男爵の長男
97	ガーター勲爵士の長男
98	シッスル勲爵士の長男
99	バース勲爵士の長男
100	セント・マイケル・アンド・セント・ジョージ勲爵士の長男
101	ロイヤル・ヴィクトリア勲爵士の長男
102	ブリティッシュ・エンパイア勲爵士の長男
103	勲爵士の長男
104	ロイヤル・ヴィクトリア勲章受章者（勲五等）
105	ブリティッシュ・エンパイア勲章受章者（勲五等）
106	准男爵の次三男
107	勲爵士の次三男
108	エスクワイア
109	ジェントルマン

「表1－4」イギリス宮中席次

1	君主
2	皇太子
3	君主の次三男
4	君主の孫
5	君主の兄弟
6	君主の従兄弟
7	君主の甥
8	カンタベリ大主教
9	大法官
10	ヨーク大主教
11	首相
12	枢密院議長
13	庶民院議長
14	貴族院議長（2006年7月より）
15	連合王国最高裁判所長官（2009年10月より）
16	イングランドおよびウェールズ首席判事（2007年11月より）
17	玉璽尚書
18	式部卿
19	紋章院総裁
20	王室家政長官
21	宮内長官
22	主馬頭
23	公爵（イングランド）
24	公爵（スコットランド）
25	公爵（グレート・ブリテン）
26	公爵（アイルランド）
27	公爵（連合王国）
28	王族公爵の長男
29	侯爵（イングランド）
30	侯爵（スコットランド）
31	侯爵（グレート・ブリテン）
32	侯爵（アイルランド）
33	侯爵（連合王国）
34	公爵の長男
35	伯爵（イングランド）
36	伯爵（スコットランド）
37	伯爵（グレート・ブリテン）
38	伯爵（アイルランド）
39	伯爵（連合王国）
40	王族公爵の次三男
41	侯爵の長男
42	公爵の次三男
43	子爵（イングランド）
44	子爵（スコットランド）
45	子爵（グレート・ブリテン）
46	子爵（アイルランド）
47	子爵（連合王国）
48	伯爵の長男
49	侯爵の次三男
50	ロンドン主教
51	ダーラム主教
52	ウィンチェスタ主教
53	その他の主教（叙任順）
54	男爵（イングランド）
55	男爵（スコットランド）
56	男爵（グレート・ブリテン）
57	男爵（アイルランド）
58	男爵（連合王国）
59	王室財務官
60	王室監査官

しかも公爵の長男は伯爵より席次が上であり、公爵の次三男は子爵より格上の席に座る。そしてこの一覧からもおわかりのとおり、公侯伯子男爵のすべての爵位ごとにも序列が存在するのである。

現在では、「グレート・ブリテンおよび北アイルランド連合王国」という正式な名称で知られる「イギリス」は、その長い歴史のなかでイングランドがスコットランドやアイルランドを吸収合併してできあがった国である。このためイングランド国王によって叙せられた貴族が一番格が高い。次いでスコットランド王国の貴族、さらにはこの両国が合邦をはたした一七〇七年五月一日以降に叙せられた「グレート・ブリテン王国」の貴族、アイルランド貴族、そしてアイルランドがグレート・ブリテンと合併した一八〇一年一月一日以降に叙せられた「連合王国（ユナイテッド・キングダム）」の貴族、という具合に、それぞれの爵位に五種類の貴族がいるわけである。

「表1-5」は、二〇二三年現在もイギリスに残る二四の公爵家を示した一覧であるが、ご覧のように一位のノーフォーク公爵家から二四位のファイフ公爵家まできちんと順番が決まっている。同じことは侯爵家以下のすべての爵位にも見られる。

二〇二三年の時点では、イギリスには公爵家が二四、侯爵家が三四、伯爵家が一八九、子爵家が一一〇、男爵家（世襲）が四四九あり、八〇六人の世襲貴族がいることになる。

「表1－5」臣民公爵位

序列	爵位名（爵位の創設年と分類）
1	ノーフォーク公爵（1483年創設イングランド貴族）
2	サマセット公爵（1547年創設イングランド貴族）
3	リッチモンド公爵（1675年創設イングランド貴族）
	レノックス公爵（1675年創設スコットランド貴族）
	ゴードン公爵（1876年創設連合王国貴族）
4	グラフトン公爵（1675年創設イングランド貴族）
5	ボーフォート公爵（1682年創設イングランド貴族）
6	セント・オールバンズ公爵（1684年創設イングランド貴族）
7	ベドフォード公爵（1694年創設イングランド貴族）
8	デヴォンシャ公爵（1694年創設イングランド貴族）
9	マールブラ公爵（1702年創設イングランド貴族）
10	ラトランド公爵（1703年創設イングランド貴族）
11	ハミルトン公爵（1643年創設スコットランド貴族）
	ブランドン公爵（1711年創設グレート・ブリテン貴族）
12	バクルー公爵（1663年創設スコットランド貴族）
	クイーンズベリ公爵（1684年創設スコットランド貴族）
13	アーガイル公爵（1701年創設スコットランド貴族）
	アーガイル公爵（1892年創設連合王国貴族）
14	アソル公爵（1703年創設スコットランド貴族）
15	モントローズ公爵（1707年創設スコットランド貴族）
16	ロクスバラ公爵（1707年創設スコットランド貴族）
17	マンチェスタ公爵（1719年創設グレート・ブリテン貴族）
18	ノーサンバーランド公爵（1766年創設グレート・ブリテン貴族）
19	リンスタ公爵（1766年創設アイルランド貴族）
20	アバコーン公爵（1868年創設アイルランド貴族）
21	ウェリントン公爵（1814年創設連合王国貴族）
22	サザーランド公爵（1833年創設連合王国貴族）
23	ウェストミンスタ公爵（1874年創設連合王国貴族）
24	ファイフ公爵（1900年創設連合王国貴族）

これに加え、一九五八年に制定された「一代男爵」も（二〇二三年七月現在で）六六〇人いるため、現代のイギリスには一四六〇人ほどの貴族が存在するということになろう。

それでは中世以来のイギリスの歴史のなかで、この貴族たちがどのような役割を果たしてきたのかを、次章で簡単に見ていくことにしよう。

コラムⅠ　貴族のたしなみ――狩猟と釣り

フランスの貴族が王宮に住み込んで舞踏会などにいそしんでいたのに対し、イギリスの貴族は一八世紀後半ぐらいから地方に持つ広大な所領で狩猟を楽しむようになった。それは狐などを猟犬とともに騎乗で仕留める「ハンティング」と、キジや雷鳥などをショットガンで仕留める「シューティング」とに分かれている。

第二章に登場する、バドミントン発祥に関わったボーフォート公爵（八五頁）は、歴代が特に狐狩りの名手として知られ、第一〇代公爵（一九〇〇～一九八四）は亡くなる年まで実に六〇年にわたって所領バドミントン・ハウスの周辺で大がかりな狐狩りを楽しんだとされる。しかし近年では、動物愛護の視点からその残虐性が問われ、二〇〇五年には議会制定法によって狐狩りは禁止されることとなった。

一方のキジ撃ちや雷鳥撃ちも動物保護の観点からは問題があるように思われるが、貴族には屋敷内に猟場番人《ゲーム・キーパー》と呼ばれる専門職が雇われ、年間数百羽に及ぶキジや雷鳥、ウズラなどを所領で飼育し、狩りの季節に放している。第三章に登場するデヴォンシャ公爵家も、広大なチャッツワースに猟場番人を複数雇ってキジ撃ちを楽しんでいる。

また、自身の所領内を流れる川を遡上《そじょう》してくる鮭や鱒を毛針で釣る「フライ・フィッシング」を楽しむ貴族も大勢いる。第三章に登場するグレイ子爵（一一九頁）は釣りに関する書物を著すほどの「通人」である。さらに第五章に登場するヒューム一代男爵（一六九頁）は、一族が所有するスコットランドの広大な土地を流れる川で鮭釣りをするのが趣味だった。

イギリスにはいまでもこのように大自然のなかでの狩猟や釣りを愛し、近隣の人々との交流を続ける貴族たちの姿が見られるのである。

第二章　歴史の担い手としてのイギリス貴族

議会政治の支配者として

さて第二章では、中世以降に王を取り巻く有力者として登場してきた貴族たちが、イギリスの様々な分野で大きな影響力を振るってきた様子を、主に一八世紀から一九世紀を対象に見ていくことにしよう。

まずは政治の世界である。第一章でも述べたとおり、「ノルマン・コンクエスト（征服）」以降のイングランドの王たちは、海峡をまたいで領土を守らなければならなかったことと、王位継承をめぐる衝突がたびたび生じたことで、賢人会議→パルルマン→パーラメントと名前を変えつつも王の諮問機関として発展した「議会」の政治的比重が時代とともに増していった。

こうしたなかで、一七世紀にはスコットランド王がイングランド王を兼ねるようになり（ステュアート王朝：一六〇三〜一七一四年）、国王と議会のあいだに衝突が起こるようになった。それは清教徒《ピューリタン》革命（一六四二〜四九年）と呼ばれる内乱と名誉革命（一六八八〜八九年）と呼ばれる貴族らのクーデタにより、議会の優位が確立されることにつながり、一六八九年（日本では元禄二年）以降、この国では毎年議会が開かれるようになった。

この議会を議員として牛耳っていったのが地主貴族《ジェントルマン》階級であった。これも第一章で解説したが、一四世紀から議会が二院制を採り、庶民院議員は州選挙区と都市選挙区から選出されるようになる。当初は都市選挙区は、国内外の交易に携わる商人や金融業者から議員に選ばれる事例が多かったが、一六世紀ぐらいからはジェントリも多く選出されていく。

中世以来、国政選挙における選挙権は土地財産を基準とする財産資格を必要としていたが、被選挙権ももちろんそうだった。特に一七一一年に制定された「財産資格法」では、庶民院議員に立候補できるのは、州選挙区では年価値六〇〇ポンド以上、都市選挙区では年価値三〇〇ポンド以上の土地財産を所有するものに限られた。この三〇〇ポンドでさえ、当時の一般的な庶民の平均貨幣所得の一〇倍以上にあたった。それだけの収入を土地財産から得られるのは、もはやジェントリ以上の地主貴族階級に限られていたのである。当時の議員は「無報酬」で務めるものであり、「政治を商売にする」ことは忌避《きひ》されていた。

一七三四年から一八三二年までのおよそ一世紀のあいだに、一度でも庶民院議員に当選した人物たち五〇三四人について詳細に調査した研究が残っている。それによると、このなかで初当選時に爵位貴族の子息であったものは八八三人（約一七・五％）にも及んだ。一八世紀ともなると英国史家の青木康も指摘するとおり、議会はジェントルマンの「社交クラブ」の役割も果たしていた。殊に爵位貴族の長男は、いずれ父のあとを受けて貴族院議員として政治を担わなければならない。ならば若いうちに庶民院に入り、研鑽を積んでおいたほうがよい。さらに議員になることは彼らの「責務」であるとも考えられていた。

彼らの下に位置したのがジェントリである。初当選時に准男爵であったものは二四四人に及んだ。これらジェントルマン階級とそれに連なる莫大な土地財産を有するものは、この時期の議員の実に四分の三（四〇〇〇人近く）にも及んだとされる。

ジェントルマンと若干重複するものもいるが、第一章でも説明したような爵位を継げない貴族の次三男は専門職《プロフェッション》階級として、法廷弁護士や陸軍将校などに就きながら庶民院議員も務める事例が多かった。また、銀行家や東インド会社の役員などもジェントルマンの家系に食い込み、本業の傍らで議員を務めた。それに比べると実業界からの議員はまだ少数派であり、彼らの初当選時の平均年齢が四〇・一歳であるのに対し、爵位貴族の長男の初当選時の平均年齢はなんと二三・七歳であった。

貴族の長男は（もちろん個人差はあるが）オクスフォードかケンブリッジのいずれかの大学を卒業するや、すぐさま父の影響下にある選挙区（広大な所領の一部）で立候補して当選するという事例も多かったものと思われる。有権者の数が限られていたことに加え、当時はまだ「公開投票」の時代である。誰が誰に票を投じたかは一目瞭然であり、「お殿様の御曹司」に面と向かって反対票を入れるものもそういなかったであろう。さらにそもそも御曹司が出馬するとなったら、対抗馬となる立候補者が現れず、「無投票」で当選が決まるような選挙区も数多く存在したのである。

一八三〇年という時点においても、九八人の貴族だけで庶民院の二一四もの議席（当時は全六五八議席であるので全体の約三二・五％）を左右していたとされている。

こうした情況は、この二年後の一八三二年に実現した「第一次選挙法改正」によって、徐々に是正される。この改正で選挙権は下層中産階級（ただし男性の世帯主に限る）にまで拡大されていく。また中世以来の有権者が極端に少ない選挙区は廃止され、マンチェスタやバーミンガムといった産業革命で巨大な人口を抱えるようになった大都市に議席が割り振られた。

それにもかかわらず、この改正後にも、庶民院の実に七〇議席ほどは有力貴族によって握られていたというから、貴族たちの影響力はまだ、隠然と保たれていたのである。

なお、言うまでもないが、貴族院のほうはイングランド国教会の高位聖職者二六名と、この当時は貴族院が最高裁（控訴院）の役割も果たしていたため法律家出身の貴族も若干在籍したが、残りの大半は爵位貴族のみからなる議院であった。

さらに、ドイツ北部に所領を持つハノーファー侯爵がイギリス国王を兼ねるようになり、ハノーヴァー王朝（一七一四〜一九〇一年）が始まると、最初の二代の王はイギリス政治にほとんど関心を示さず、大臣たちに政治のすべてを丸投げしてしまう。このため貴族院議員か庶民院議員を務める閣僚が、王の代わりに議会で政府の政策を進め、ここに「議院内閣制」「責任内閣制」がイギリス政治に定着していくこととなる。

ただし、一八世紀から一九世紀にかけて、一〇年から二〇年に及ぶ長期政権を維持した首相（この役職も「王の不在」によってこの時代に定着する）の多くが庶民院議員だったこととも関係して、一九世紀初頭までには議会政治の中心は庶民院へと移っていった。

しかし、同時期のヨーロッパでは、貴族たちは君主とともに「市民革命」によって権力の座から引きずりおろされるような事例も多々あった。フランス革命（一七八九年勃発）やフランス二月革命、ドイツ三月革命（いずれも一八四八年）などがその代表例である。なぜイギリスではそのような革命が生じなかったのか。

その答えのひとつは、イギリスでは貴族たちが「免税」などの特権を放棄する代わりに政治的な権限を掌握できたことにある。王制期のフランスでは教会や貴族が直接税を免除されていたが、イギリスでは直接税（特に地租）も間接税もジェントルマン階級が大半を負担していた。そのため彼らに選挙権や被選挙権が集中していたとしても、より下の階級からの不満はそれほど大きくはならなかった。また、貴族らは市民（中産階級）に対して柔軟性を示し、種々の改革で彼らの「ガス抜き」を図ることに成功していた。

一方のフランスでは、貴族などが免税特権にあずかりながら、実際に直接税を負担する市民階級に政治に参加する権利がまったく与えられていなかった。特にフランスの議会にあたる全国三部会など、一六一五年から一七八九年まで一度として開かれることはなかった。日本でいえば、大坂夏の陣で徳川幕府が盤石たる体制を築いた年から、一一代将軍の家斉《いえなり》が元号を寛政に変え、かの有名な「寛政の改革」がおこなわれていた年まで、ということになる。これではフランスで大革命が起こるのもうなずけよう。

とはいえ、時代が下るとともに、貴族政治家たちには市民からのさらなる改革要求の声に応える必要性が生じた。先に紹介した第一次選挙法改正に続いて、第二次の改正（一八六七年）では都市部の労働者階級（これも男性世帯主に限る）、第三次の改正（八四年）では地方の労働者階級（資格は同じ）にまでそれぞれ選挙権が拡大し、一九世紀が終わろうとする頃までにはイギリスにも大衆民主政治の萌芽《ほうが》が見られるようになっていく。

こうした情況も反映し、イギリス史上では貴族院に籍を置いた首相は（第一章でも登場した）第三代ソールズベリ侯爵が最後の事例となり、彼が一九〇二年に首相の座を退いてからは、二度と貴族院議員の首相が現れることはなくなった。

外交と帝国の中枢として

英仏百年戦争（一三三七～一四五三年）に敗北して、一六世紀には弱小国となっていたイングランドも、やがて海外へと植民地を拡大し、一九世紀までには「世界に冠たる大英帝国」へと成長を遂げていく。

こうしたなかで、貴族たちは国内の議会政治のみならず、ヨーロッパ国際政治、さらには世界規模で拡張した大英帝国の維持にも関わっていくこととなった。

まずは「外交」である。私たちがこんにち「外交」と聞いて真っ先に思い浮かべるのは外国に常駐する大使や大使館であろう。駐在大使という慣例が始まったのは一五世紀後半のイタリアであった。当時イタリアは統一国家ではなく、大小様々な国に分かれており、相手国との交渉を進める常駐の大使や大使館という慣行がうまれる。こののち二〇〇年ほどかけて大使や大使館はヨーロッパ全土へと拡がっていった。大使には、自国（君主）を代表し、相手国と粘り強く交渉し、各種の情報を集めて本国に伝える能力が要求された。

ただし常駐大使職が登場した一五世紀後半からしばらくは、大使に就くものは小貴族か爵位など持たない平民がほとんどであった。この時期（一四八五〜一五二〇年）に、フランスからイングランドへと派遣された常駐大使のうち、六五％は高貴な身分の生まれではあったが、このうち爵位を持つ貴族はわずか九％にすぎなかった。

イングランド側もフランスとほぼ同じような数字であったとされる。この時代は、大貴族たちは自身の所領経営に忙しく、宮廷で就く役職も君主の最も重要な側近である枢密顧問官（いまでいう大臣職に近い）などのより上位の官職が一般的であった。また、貴族が外国に赴く場合があったとしても、外国王室の冠婚葬祭や戴冠式など、なにか特別な儀式への「特使」として一時的に派遣されるのが通例であった。

イングランドをはじめ、ヨーロッパ各国で常駐大使に大貴族層が就くようになるのは、一六世紀以降に華麗なる宮廷外交が繰り広げられるようになり、より洗練されたマナーを身につけているとともに、自国王室はもとより、外国の王室とも姻戚関係で結ばれているほうが外交官として有利な条件となっていく、一七世紀後半になってからのことである。

一七世紀後半以降にヨーロッパ外交の中心的な存在となったのはフランスだった。特に野心家の国王ルイ一四世はヴェルサイユ宮殿を舞台とする演出効果抜群の外交を得意とした。それまでのヨーロッパ国際政治における共通語はラテン語であったが、一六世紀前半からの宗教改革により「ラテン語はカトリックの言語」としてヨーロッパ北部（プロテスタント国）で忌み嫌われるようになった。そこで、一七世紀半ばまでに文法も統一され、助詞や副詞が曖昧ではない、フランス語が外交における共通言語の座をつかんでいった。

フランスを中心に形成された外交儀礼や宮廷での洗練されたマナー、さらにフランス語の能力も身につけるためには、フランス人の家庭教師を住み込みで雇い、幼少期からフランス語や作法なども学ぶ必要があった。それができるのは各国でも大貴族に限られるようになったのである。フランスの「宿敵」ハプスブルク帝国でも、一六四八年から一七四〇年のあいだに外交官の実に六〇％以上が大貴族の出身者で占められていた。さらに家格に応じて赴任先にも差がつけられていたとされている。

ルイ一四世がヨーロッパに登場してきた時代は、のちの世に「長い一八世紀（一六八八〜一八一五年）」と呼ばれることになる戦争の世紀の到来と重なる時期であった。このおよそ一三〇年間にヨーロッパ大陸はもとより、西インド諸島（カリブ海）、北アメリカ、インド周辺など世界規模で衝突した最大のライバルがイギリスとフランスであった。

それゆえこの時代は「第二次英仏百年戦争」の時代とも呼ばれている。その最終的な勝利者となったのは、「長い一八世紀」の最後の戦争であるナポレオン戦争（一八〇〇〜一五年）に勝利したイギリスであった。戦後のヨーロッパにおいては、ハプスブルク帝国の首都ウィーンが外交の中心となることが多かったが、ナポレオンを破った最大の功労者であるイギリスの首都ロンドンが国際会議の舞台となる機会も増えていったのである。

世にいう「パクス・ブリタニカ（イギリスによる平和）」の時代である。主要な会議を取り仕切ったのはこの時期の外相パーマストン子爵（一七八四〜一八六五）であったが、ヨーロッパの主要国に送られる常駐大使も貴族らで占められていった。

パーマストンが外相に就任した一八三〇年から一九〇〇年までの七〇年間にフランスに駐在する大使を務めたイギリス外交官は一一人いたが、その一一人のすべてが爵位貴族で占められていたほどである。先に紹介した一六世紀前半の情況とは隔世の感がある。

また、一六世紀においてヨーロッパは経済力でも軍事力でも、ユーラシア大陸に君臨するオスマン帝国、ペルシャ帝国、ムガル帝国（インド）、明・清の中華帝国に比べれば、すべてを合わせても弱小勢力にすぎなかった。それが「長い一八世紀」という戦争の世紀を経たのちに、ヨーロッパはこれらアジアの諸帝国を経済的にも軍事的にも凌駕するようになり、一九世紀半ばまでにアジアへと侵攻を開始する。アヘン戦争（一八四〇〜四二年）やアロー号戦争（一八五六〜六〇年）で清帝国に開港や常駐外交館の設置を迫り、ムガル帝国を滅亡させ、インド一帯を直接統治下に置くようになった（一八五八年）のも、イギリスによる帝国主義的な政策によるものだった。

イギリスは、「長い一八世紀」における唯一の敗戦であるアメリカ独立戦争（一七七五〜八三年）で北アメリカ植民地の一部を失ったものの、この間にカナダやオーストラリア、ニュージーランドなどを手に入れ、一九世紀後半に帝国主義が本格化する頃には、アジアやアフリカ大陸にもその触手を伸ばしていった。

大英帝国の最盛期を築いたヴィクトリア女王の時代（在位一八三七〜一九〇一年）には、イギリスは世界の陸地面積の五分の一以上を支配していたとされている。その帝国に派遣される「総督」たちもジェントルマン階級によって担われるようになった。

とりわけ「帝国のなかの帝国」「大英帝国という王冠の中央を飾る宝石」とまでいわれていたのが、一八七七年一月に史上初めて統一国家となったインド帝国である。インドがイギリスの直接支配にはいる（それまではイギリス東インド会社が間接統治をおこなっていた）一八五八年から、第二次世界大戦後に現在のようなインドやパキスタンのかたちで独立する一九四七年までのおよそ九〇年のあいだに二〇人のインド総督が存在した。

このうち在任時に爵位貴族でなかったのは、サー・ジョン・ロレンス（在任一八六四〜六九年）ただひとりだけで、残りの一九人はすべて貴族であった。しかもロレンスの場合は帰国後に、インド統治での功績により「ロレンス男爵」に叙せられている。

特にインド帝国ができあがってからは、その総督（副王とも呼ばれる）には爵位貴族が就くべきであるという慣例がうまれた。第一章で紹介したジョージ・カーズン（在任一八九九〜一九〇五年）も、もともと男爵家の嫡男ではあったが、着任時にはまだ父が存命であったため、父とは別の爵位として「カーズン男爵」に叙せられ、赴任している。また、カーズンの二代あとには、外務官僚として長年の実績を誇ったサー・チャールズ・ハーディング（在任一九一〇〜一六年）が総督に着任するが、彼も任命当時は爵位を持っていなかったため「ハーディング男爵」に叙せられてからインドへと向かった。

また、「帝国の長女」と呼ばれるカナダも別格扱いである。南北に分かれていたカナダがひとつにまとまった一八四一年から、エリザベス二世（在位一九五二〜二〇二二年）が即位した一九五二年までの約一世紀のあいだに、カナダには二四人の総督が派遣されている。このうち爵位貴族は二〇人を占めている。残りのうち二人は准男爵、勲爵士（ナイト：中世以来の「騎士」という訳語は、近代以降には「勲爵士」とされる）が一人であり、あと一人はなんと貴族どころか王族（国王ジョージ五世の叔父にあたるコノート公爵アーサー王子：在任一九一一〜一六年）であった。

このインドとカナダ以外の植民地総督については、特に爵位貴族にこだわることはなく、准男爵や勲爵士などジェントリに託されることが多かった。

しかし、二〇世紀の二度の世界大戦を経て、アジア・アフリカの植民地が独立国となり、総督はイギリスの君主を自国の国家元首として戴く「英連邦王国（Commonwealth realm）」に限って派遣されるようになっていく。さらに上記のカナダが嚆矢《こうし》となったが、自治領ももはや「外国人（イギリス人）」ではなく、自国人を総督として置きたいという意向を強く持つようになった。一九五二年にイギリスで君主の代替わりが見られたのを機に、カナダは自国出身の有力者を総督に立てることに決め、これ以後は政府がイギリス君主に適任者を推薦するかたちで歴代の総督が任命されることとなった。

これはオーストラリアやニュージーランドなど、他の自治領でも慣例となっていった。このためイギリスの爵位貴族やジェントリが「帝国」で重要な役割を担うという時代は、もはや完全に消滅してしまうこととなった。

イギリス経済の牽引役として

さて、政治や外交などの世界で実力を発揮したイギリスの貴族たちは、経済の側面でも大きな存在感を示していた。

かつてマルクス主義史学では、ヨーロッパの貴族など封建時代の遺物にすぎず、貧しい小作農から余剰生産物を搾取する農業経済社会では支配者であったかもしれないが、都市の成長や交易の拡大、工業化の進展により、経済的にも政治的にも富裕な商工業（ブルジョワ）階級に取って代わられてしまった、と結論づけていた。

しかしイギリスの貴族はこれとは異なる道のりをたどったのかもしれない。たとえば、イギリスは世界に先がけて産業革命に乗り出したが、これを可能にした条件のひとつが、「農業革命」であった。すなわち農業の生産性を高め、小作農を工場労働者に転換させることを可能にしたわけである。この農業革命のさきがけとなったのが、一七世紀後半に飼料用作物を導入することで家畜の増産を図るとともに、土地の生産性を向上させることに成功を収めた「ノーフォーク農法」と呼ばれる新たな技術であった。これを開発したのが一八世紀前半に政治家としても活躍したタウンゼンド子爵（Viscount Townshend）だった。

さらに産業革命（一七六〇年代～一八三〇年代）が進展するとともに、蒸気機関も開発され、石炭の需要が急激に高まった。特にイングランド北西部のマンチェスタは綿産業の中心地として栄えたが、この近郊（ウォーズリ）に広大な所領を持つブリッジウォーター公爵（Duke of Bridgewater）は、自らが所有する炭鉱で採れた石炭をマンチェスタに大量に素早く運ぶため、大運河の建設に乗り出し、これに大成功を収めたのである。

　このブリッジウォーター公爵の成功例を見て、イギリス中の大貴族が自身の所領で採掘される石炭や鉄鉱石、鉱物などを活用し、有料道路や河川の改良、運河や港湾施設に巨額の投資をおこなうようになった。また一八三〇年代からは鉄道事業にも投資をおこない、これ以降はイギリス全土に張り巡らされる鉄道網の大半は貴族たちによって支配されていく。

　たとえば、ご先祖に首相（ジョージ三世お気に入りの第三代ビュート伯爵）を持つビュート侯爵家（Marquess of Bute）などは、所領であったウェールズ南部のグラモーガンで産出する鉄鉱石と石炭を有効活用し、巨大な鉄工所を建設している。さらにすぐ南に位置する港町カーディフに新たなドック（港湾）も造営して、その交通量はわずか一〇年間で一〇〇倍（八二万七〇〇〇トン）にまで膨れ上がったとされている。

　さらに産業革命は「都市化」現象ももたらした。小作農だったものが工場労働者として工場のすぐ近くで生活するようになり、こうした工場は主に交通の便のよい都市に林立していく。さらに会社や銀行、商社なども次々と都市に現れることとなり、そこに勤める中産階級は都市郊外に自宅を構えるようになった。こうした都市開発に関わっていたのもまた貴族たちだったのである。

一八二〇年代の時点で、すでにロンドンの土地の大半は大貴族たちのものだった。なかでも超高級住宅街であるメイフェア、ベルグレイヴィア、ピムリコといったロンドン中心部に不動産を有したのが、本書の「はじめに」でも紹介したウェストミンスタ公爵(Duke of Westminster)である。公爵家による巧みな開発も功を奏して、一八二一年から三五年までの一五年ほどのあいだに、公爵家の年収は二万ポンドから六万ポンドへと増加した。

また同様に、ロンドンのブルームズベリなどに所領を持つベドフォード公爵家(Duke of Bedford)やメリルボーンやソーホーを所有していたポートランド公爵家(Duke of Portland)なども、一八三〇年代にそれぞれ六万六〇〇〇ポンド、四万三〇〇〇ポンドの地代収入を得ていたといわれる。しかも両公爵家にとってこれは「ロンドンでの地代収入」であり、彼らは地方にも広大な土地を持っていたのである。あとで表をお見せするが、ベドフォード公爵家の場合には、一九世紀後半の時点で八六万エーカーの所領を保有しており、この広さは現在の日本では埼玉県より若干小さいほどの大きさなのである。

さすがに首都のロンドンを押さえていたのは「公爵（Duke）」クラスの大貴族に限られてしまったが、産業革命は地方にも大都市をうみだす契機となった。

第三章でも紹介するが、イングランド北西部の港湾都市バロー＝イン＝ファーネスに有数の造船業を築いたのが、七代目のデヴォンシャ公爵（Duke of Devonshire）であり、ここに公爵は鉄工所、鉄道、ドックなどを築き、そのために二万ポンドの投資をおこなった。おかげで公爵は最盛期には三〇万ポンドという年収を手に入れ、イギリス最大の大富豪とも呼ばれるようになっていた。

これまた第三章に登場するソールズベリ侯爵家（Marquess of Salisbury）の場合も、首相となる第三代侯の時代までにはロンドン郊外の都市開発に着手し、彼が首相から退く一九〇二年の段階でも六万ポンドの年収を得ていたとされる。そもそもソールズベリ家は政界では由緒ある家柄であったが、財産はそれほど持っていなかった。それでも産業革命の波に乗るかたちで一定の資産を築けるようになったのである。

さらにイギリスの地主貴族の場合には、一八世紀半ばまでにロンドンのシティが金融・証券市場としての安定した地位を得て、オランダのアムステルダムを超えるほどまでに、世界経済の中心地へと躍りでる頃には、「金融・証券貴族」として株式などからも莫大な利益を得るようになっていた。やがてシティの証券界とジェントルマン階級とが血縁的にも結びついていった。

一八七〇年代以降に農業不況がおとずれ、農業からの利益だけに頼っていたような一部の地主貴族は没落の憂き目に遭っていたが、早い時期から証券界との結びつきを有していた貴族たちは相変わらず莫大な収入を得ており、それがまた一九世紀末からドイツやアメリカが工業力で台頭していくなかでも、イギリスの国際金融上での優位を不動のものにしていたとする「ジェントルマン資本主義」という理論がいまや定着しつつある。

なお、一八七〇年代以降に没落していった貴族のなかには、かのウィンストン・チャーチルの実家であるマールブラ公爵家（Duke of Marlborough）があった。同家はアメリカの「鉄道王」ヴァンダービルト家から夫人を迎え、彼女がもたらした莫大な持参金のおかげで糊口《ここう》をしのぐ有様であった。ついでにチャーチル自身の母親もアメリカの富豪の娘であった。この時代は、マールブラ家に限らず、イギリス貴族の「格式」とアメリカ大富豪の「金《かね》」とが結びつくことがままあった。

このように産業革命や金融革命という時流に巧みに乗ることができた地主貴族たちの

多くは、一九世紀後半においてもイギリス経済界を主導したが、しかしなんといっても彼らの本流は「土地」であった。

ヨーロッパ大陸では、かつてはイギリス貴族など歯牙にもかけないほどの大貴族が大勢いたが、一九世紀までには彼らの資産はイギリス貴族に完全に逆転されていた。その理由のひとつがヨーロッパ貴族の多くが「分割相続制」を採っていたことによる。ロシアでは父の爵位はすべての息子が名乗ることを許され、土地も財産もすべて平等に分割された。フランスでは地方によって差があったが、長男が相続できる取り分には限度があった。少ない場合にはなんと長男は五分の一しか相続できなかった。ドイツも地方ごとでまちまちではあったが、やはり分割相続が主流であった。

しかしイギリスでは、すでに本書でも触れているとおり、貴族階級は「長子相続制」に基づき、爵位も土地も財産もすべて長男が継いだのである。

おかげで一族の土地が細分化されることもなく、一九世紀後半においても広大な土地を有する貴族が多くいた。一八七三年の数字では、わずか七〇〇〇人弱の地主だけで国土の八〇％を所有していたとされている。さらに当時四〇〇人ほどいた爵位貴族をも含めた、一六八八人の地主だけで国土の四一・二％を領有していた。

そのような大地主の一覧表が「表2-1」ということになる。こちらは一八八三年時点での統計ということになるが、一位はやはりウェストミンスタ公爵家であり、あとは本書ですでに登場したような名前が並んでいる。

このなかで最大の所領を持つ貴族はサザーランド公爵家（Duke of Sutherland）であり、その広さは一三五万九〇〇〇エーカーとなる。これは現在の日本でいえば、千葉県より若干広い大きさとなる。日本は明治維新とともに、「廃藩置県」（一八七一年）により「お殿様」がいなくなってしまったが、イギリスには二〇世紀に入る頃にも「お殿様」が確実に存在したわけである。

すでに第一章で解説したが、当時の爵位貴族とジェントリとのあいだで年収の格差を示す基準が「一万エーカー」以上の広さの土地を有するか否かであった。一九世紀後半のこの時点で、一万エーカーを超す土地を所有するものはイギリスに三六三人おり、彼らだけで国土の実に二五％弱を押さえていたといわれている。

地域社会の要として

しかし、彼らイギリスの大貴族たちが「お殿様」でいられたのは、なにも所領や財産

「表2－1」
年間地代収入が10万ポンド以上の地主貴族（1883年）

	爵位名	地代収入（ポンド）	所領面積（エーカー）
1	ウェストミンスタ公爵	29万～32万5000	2万
2	バックルウ公爵	23万2000	46万
3	ベドフォード公爵	22万5000～25万	86万
4	デヴォンシャ公爵	18万1000	19万9000
5	ノーサンバーランド公爵	17万6000	18万6000
6	ダービー伯爵	16万3000	6万9000
7	ビュート侯爵	15万3000	11万7000
8	サザーランド公爵	14万2000	135万9000
9	ハミルトン公爵	14万1000	15万7000
10	フィッツウィリアム伯爵	13万9000	11万6000
11	ダドリ伯爵	12万3000	2万6000
12	アングルシ侯爵	11万1000	3万
13	ロンドンデリ侯爵	11万	5万
14	ポートランド公爵	10万8000	18万3000
15	ハートフォート侯爵	10万4000	7万2000
16	ポートマン子爵	10万	3万4000

出典：浜田正行「『土地貴族』の『株式・債権保有貴族』への転身過程」（桑原莞爾・井上巽・伊藤昌太編『イギリス資本主義と帝国主義世界』九州大学出版会、1990年）、64～65頁。
＊なお、上記の年収は地代収入のみであり、これ以外に各種の収入が見られる場合もある。

の大きさだけによるものではなかった。彼らは自身が土地を貸している借地人だけではなく、その地方のすべての人々にとって大切な存在になっていたからである。

イギリスに限らず、ヨーロッパの貴族たちが中世以来のモットーとして掲げているのが「高貴なるものの責務（フランス語で Noblesse oblige：ノブレス・オブリージュ）」である。すなわち、高貴な身分に生まれたものには必ずそれに応じた責務がともなう、という意味である。具体的には、いざ戦争ともなれば真っ先に戦場に駆けつける。平時においては領民たちが困るようなことがあればこれを救済する、ということになる。

イングランドでは、一六世紀以降になると、爵位貴族もジェントリも議会政治が忙しくなり、その生活のほとんどをロンドンで過ごすようになった。文字通りの「不在地主」の状況がしばらく続いた。しかし一九世紀にはいり、鉄道などの交通手段が格段便利になり、また狩猟などの趣味が盛んになるや、ジェントルマン階級は地方の邸宅でゆったりと過ごす時間が増えていった。こうしたときに、彼らは同じ階級の友人たちはもとより、地元の人々（借地人に限らず）にも屋敷（カントリー・ハウス）を開放し、午餐会や園遊会などを開いて彼らを歓待するようになった。

さらに貴族たちが力を入れるようになったのが慈善事業であった。そもそもイギリスでは貧しいものや女性・子どもといった「社会的弱者」の救済という事業には、王室が最も積極的に関わってきていた。中世においては、ヨーロッパではこうした救済活動は修道会が担ってきたが、一六世紀の宗教改革以降、プロテスタント諸国では修道院が姿を消していく。イングランドでも国教会が創設されると、国王ヘンリ八世（在位一五〇九～四七年）によって全国の修道院が解散させられた。この頃までに、修道院はローマ教皇庁（カトリック）の諜報機関として忌み嫌われるようになっていたのである。

やがてドイツ北部の各国では、心ある王侯が自ら弱者の救済に乗り出すようになった。ハノーファーというドイツ北部のプロテスタント国に起源を持つハノーヴァー王朝のイギリスにもこの気風が拡がり、ジョージ三世（在位一七六〇～一八二〇年）の時代になると、やはりドイツ北部のメクレンブルクから嫁いできたシャーロット王妃とともに、王は各種の病院や救貧施設、女性のための職業訓練学校などの設立に尽力していく。

これ以後、歴代の君主はもとより、王族たちも熱心に各種の慈善団体を立ち上げ、その後援者（パトロン）に就く。ジョージ三世の孫にあたるヴィクトリア女王の場合には、まだ即位する前、早くも一四歳のときに亡父（ケント公爵）が設立した「ケント診療所」のパトロンに就任し、同じく慈善事業に積極的なアルバート公と結婚してからは、夫妻でイギリス各地の病院や団体を訪れることになる。

アルバート公に慈善活動の大切さを説いたひとりが、第七代シャフツベリ伯爵（一八〇一～一八八五）である。伯爵自身が、工場における労働環境の改善や貧民学校の設立などに尽力する篤志家として知られていたが、一八四〇年代にイギリスの景気が落ち込み、選挙法の改正を訴えるチャーティスト運動などが勃興するなかで、伯爵は王室こそが彼らの救済にあたるべきであるとアルバート公に強く説いた。

こうした助言もあり、こののちアルバート公は女王とともに、ダブリン、ベルファースト（一八四九年）、リヴァプール（五一年）、マンチェスタ（五一・五七年）、バーミンガム（五五・五八年）、グラスゴウ（五九年）、エディンバラ（六一年）という具合に、毎年のように全国の工業都市を回り、それぞれの土地の病院や学校、各種慈善団体を視察し、それらのパトロンにも就任していった。

ヴィクトリア女王はその六四年にわたる在位の終わりには、実に一五〇以上の慈善団体のパトロンに就いていた。その多くがロンドンや大都市に集中し、また慈善団体は全国的な組織であったが、副会長や理事などには貴族たちが名を連ねていた。女王が初めてパトロンに就いたケント診療所にしても、ナポレオン戦争の英雄で戦後に首相にも就いた初代ウェリントン公爵（一七六九～一八五二）が副会長として運営を支えてくれていた。

また、君主や王族はこのように全国的な組織を切り盛りしたが、各地方ごとの病院や慈善団体については、その地方で最大の所領を持つ有力貴族がパトロンに就く場合がほとんどであった。

たとえば先にも紹介したウェールズの首府で港町のカーディフでは、地元の最大有力者であるビュート侯爵が、病院、貧者に衣服を提供する協会、キリスト教の知識普及協会、ユダヤ人救済基金など多岐にわたる慈善団体に関わっていた。侯爵家がパトロンを務めたり、つねに寄付をおこなったりする団体は三四に及んだとされる。

「表2－1」からもおわかりのとおり、一八八三年の時点で、ビュート侯爵家はイギリスで七番目の地代収入を誇る地主であり、その年収は一五万三〇〇〇ポンドにも及んでいた。

この莫大な収入を家族だけで独り占めするわけではなく、地元カーディフのために惜しみなく寄付していたわけである。他の地方でも貴族たちは同様の活動をしていた。

また、アルバート公に慈善活動の大切さを説いたシャフツベリ伯爵は、多くの人々から敬愛され、その死後にはロンドン一の繁華街ピカデリー・サーカスに伯爵を讃えた記念の噴水が建設された。その中心に据えられたエロスの像は、いまもピカデリーで一番人気の待ち合わせスポットとして国民から愛され続けている。

他方で、イギリス王室のほうは、二〇世紀になってからも深く関与する病院・学校や慈善団体はますます増え続け、ヴィクトリア女王の玄孫《やしゃご》にあたるエリザベス二世の時代には、一五人ほどの王族が関わる各種団体の数は三〇〇〇近くにまで膨れ上がっていた。二〇二二年九月に女王が亡くなったとき、彼女が最後までパトロンとして関わった団体の数は実に六〇〇にも及んでいたのである。

文化の発信者として

そして最後に見ていくのが「文化」という側面についてである。そもそも古代から中世にかけて、世界中で確立されていった文化のほとんどは王侯に起源をもつものであった。二〇世紀半ば以降の現代においては、もはや文化の担い手は一般の人々になっているかもしれないが、少なくとも一九世紀までは、イギリスではまだ爵位貴族やジェントリといったジェントルマン階級が文化の最先端を牽引していた。

それは貴族自身が学問や芸術の世界で身を立てるという意味よりは、むしろ「パトロン」として学者や芸術家を後援していくかたちを取ることが多かった。

特にイギリスの場合には、一八世紀後半から一九世紀初頭ぐらいまでは、学問や芸術の分野ではヨーロッパでも最も「遅れた」地域という自虐的な感覚が拡がっていたのだが、それを覆すような情況がこの時代にうまれてくる。こうした動きを牽引したのが、ときの国王ジョージ四世（在位一八二〇〜三〇年）だった。

身持ちが悪く、皇太子時代からよからぬ取り巻きに囲まれ、借金漬けになっては父王（ジョージ三世）にせがんで議会に借金の肩代わりをしてもらっていたとんでもない王ではあったが、学問や芸術、とりわけ美術に関する審美眼に関しては並ぶもののない才を発揮した王だった。

とりわけ一八世紀末以降のイギリスで肖像画の分野に一時代を築いたトマス・ゲインズバラやトマス・ローレンスといった稀代の画家たちを育て、文学や音楽の振興にも尽力した。この時代になると、それまでフランスやイタリアの画家に発注していたイギリス貴族たちも、自国の優れた画家の作品を好んで購入するようになっただけではなく、彼らのパトロンとしてその育成にも励んでいく。

また、学問の分野においても、その後に世界に名をとどろかすような人物たちは意外にも貴族の屋敷から登場している。

第三章でも紹介するが、『リヴァイアサン』などの名著で知られる哲学者のトマス・ホッブズは、イギリス有数の貴族デヴォンシャ公爵家（Duke of Devonshire）の家庭教師としてかなりの給与をもらいつつ、学問にも精進できていた。

また『統治二論』などで知られるジョン・ロックも、シャフツベリ伯爵家（Earl of Shaftesbury）の家庭教師として雇われ、やがて当主である伯爵の私設秘書として政策立案に関わるようになった。シャフツベリ伯はいまでいう「首相」のような役割を果たす存在だった。しかし伯爵がときの国王と対立すると、ロックも彼と一緒にオランダに亡命し、伯爵の死後に名誉革命で王が追い出されると、意気揚々とイングランドへと帰国した。同じ船には次期女王となるメアリ二世（在位一六八九～九四年）の姿も見られた。

さらに自然科学の分野でも貴族はパトロンとなることがあった。「酸素」をはじめいくつかの気体を発見したことで知られるジョゼフ・プリーストリーは、彼のパトロンであるシェルバーン伯爵（Earl of Shelburne）の庇護下で数々の著作を発表している。特に彼が一七七四年に「酸素の発見」にいたったのは、伯爵がイングランド西部に有する邸宅ボーウッド・ハウスに設けられた実験室においてであったとされている。伯爵はのちに首相となり（在任一七八二〜八三年）、「ランズダウン侯爵（Marquess of Lansdowne）」に陞爵《しょうしゃく》している。第一章で紹介した第三代のランズダウン侯（四三頁）は彼の次男坊にあたる。功利主義哲学で知られる思想家のジェレミー・ベンサムも、この初代ランズダウン侯爵の支援で幾多の名作を世に出しているのだ。

その他、ファッションや食の世界にもイギリス貴族たちの姿が垣間見られる。いまや世界中の人々が、少し寒いときに肩にひっかける代名詞となっている「カーディガン」は、クリミア戦争（一八五三〜五六年）に出征した第七代カーディガン伯爵（Earl of Cardigan：一七九七〜一八六八）が愛用した服装に由来している。ただし伯爵自身はこの戦争での「軽騎兵の突撃」で多大な犠牲者を出したことで悪名も高いが。

そして世界的に有名な食べ物「サンドウィッチ」も第四代サンドウィッチ伯爵（Earl of Sandwich：一七一八〜一七九二）に由来する名称となっている。伯爵は海軍大臣や国務大臣も務める政界の有力者であったが、多彩な趣味人としても知られていた。特に友人とのカード（トランプ）遊びが好きだった彼が、その合間でも気軽に食べられる軽食として、パンに肉をはさんだだけのものを執事に命じたとされる。これがサンドウィッチの発祥となったわけである。

ただし近年ではこれは「創作」ではないかとされている。真偽のほどは定かではないが、それでも世界中の人々に愛されるこの軽食に「サンドウィッチ」の名前が残されたことは紛れもない事実である。なお伯爵自身は、当時のイギリス音楽界のパトロンとしても名を知られるばかりか、探検家として名高いジェームズ・クック船長（キャプテン・クック）の航海を後押ししていた。一七七八年に一行が現在のハワイ諸島を「発見」したときに、クック船長はここを「サンドウィッチ諸島」と命名し、伯爵に敬意を表している。

さてサンドウィッチとくれば「お茶」であるが、いまやイギリスの紅茶文化には欠かせない「午後の紅茶（アフタヌーン・ティー）」を始めたのも公爵家であった。

先にも紹介したが、ロンドンの超高級住宅地にも地所を持ち、一九世紀には埼玉県より若干小さな所領を有した大富豪ベドフォード公爵家（Duke of Bedford）の七代目の当主の夫人アンナ・マリア（一七八三〜一八五七）が、アフタヌーン・ティーの考案者とされる。一八世紀末頃から、貴族の食事の時間やマナーなども現在に近いかたちに整えられていくようになった。すなわち朝八時頃に朝食、午後一時ぐらいに昼食、そして夕食は午後八時からというのが通例となる。しかし昼食と夕食のあいだが七時間もあいてしまうと、どうしてもお腹が空いてしまう。

そこで公爵夫人は午後四時から五時ぐらいに、ケーキやスコーン、サンドウィッチなどと一緒にお茶をいただくという習慣を始め、それは瞬く間にイギリス貴族社会に広まっていったとされている。ちなみに彼女は、第一章で紹介した（四五頁）ラッセル伯爵の義理の姉（夫の弟がラッセル）にあたる。

また、いまや紅茶には何百種類ものブレンドがあるが、日本人のあいだで人口に膾炙《かいしゃ》しているもののひとつが「アールグレイ」であろう。これまた本書の読者には、もはやなじみの深い「Earl」という名前が冠せられているところからご想像がつくものと思われるが、これについては第三章をご覧いただきたい。

そしてイギリス貴族たちが生みだした文化の最後はスポーツである。スポーツに興味を持たれる読者にとって、イギリスはまさに「近代スポーツの母国」ともいえよう。サッカー、ラグビーはいうに及ばず、テニスやゴルフ、さらにはクリケットなどの発祥地である。しかし、これらの競技の原型ができあがったのは諸説あり、イギリスよりはるかに古い歴史を持つ中央アジアにも起源を求められよう。

ただし二一世紀の今日にも続く「ルール」を作り上げたのは、紛れもなく一九世紀イギリスの貴族文化なのである。サッカー（フットボール）も、産業革命後に各都市や企業が自前のチームを持つようになると各地で対抗戦が繰り広げられるようになったが、なんと共通のルールが存在しなかった。そこで古くから競技を続けてきたケンブリッジ大学が、「ケンブリッジ・ルール」と呼ばれる文字通り「足だけしか使えない」ルールを作った。これまたパブリック・スクール（高級私立学校）の名門イートン校の出身者が中核となったのだが、いずれも当時はジェントルマン階級の子弟が通う大学・高校であった。

ラグビーも、そもそも名前がパブリック・スクールの名門校に由来している。テニスやゴルフ、クリケットやポロもこうして一九世紀の後半に共通のルールが作成され、イギリス国内はもとより、国際親善試合も可能になっていった。

また、貴族に直接由来する競技がバドミントンであろう。これは名門貴族ボーフォート公爵家（Duke of Beaufort）がイングランド南西部のグロウスタシャに有するバドミントン・ハウス（Badminton House）という巨大な屋敷で一八七〇年代から始まったため、この名が付けられた。もともとはインド発祥の競技のようだが、これがボーフォート公爵邸で初めて紹介された。ちなみに屋敷の敷地は五万二〇〇〇エーカーに達し、それは東京二三区のなかで大きな上から四つの区（大田区・世田谷区・足立区・江戸川区）を合わせた面積より若干小さい程度の、広大なものである。

そしてイギリスといえば競馬をはずしてはいけない。なかでも最も有名にして、いまや世界中に（日本も含めて）この名を冠したレースがあるのが「ダービー」であろう。これもイギリスの名門貴族、ダービー伯爵（Earl of Derby）に由来している。特にその第一二代伯爵（一七五二～一八三四）が大の競馬好きで知られ、ロンドン南郊のエプソム競馬場で「オークス」（これも彼の屋敷の名に由来する）と「ダービー」にその名を残すこととなった。「表2-1」からもお気づきのとおり、一八八三年の時点で、ダービー伯爵家はイギリスで六番目の大地主であり、特に本拠地のあるリヴァプールの都市開発で莫大な富を手に入れた大富豪であった。

また、一二代伯の孫にあたる第一四代伯爵（一七九九～一八六九）は三度も首相を務め、先にも紹介した第二次選挙法改正を進めた内閣も率いた大政治家であった。

以上紹介した事例はほんの一部にすぎないが、イギリスの貴族たちは、イギリス自体が経済大国から植民地を有する大英帝国へと発展を遂げる一八世紀から一九世紀にかけて、政治や経済はもとより、外交や帝国の維持、社会や文化のすべての分野において、この国、さらには世界全体を牽引していたといっても過言ではなかった。

それでは、イギリス貴族を代表するような人物たちとはどのような人々であったのか。次章では、公侯伯子男爵のそれぞれからひとつずつ紹介し、イギリス貴族の実像にさらに迫っていきたい。

コラムⅡ　貴族の季節《シーズン》――ロンドンでの社交界

一九世紀まではイギリス政治もおおらかであり、議会は一月か二月に開会され、八月には閉会されるのが常であった。その期間に貴族らは議会に出席するためロンドンを訪れ、気候が良くなる五月からは「社交の季節《ザ・シーズン》」と呼ばれ、様々な行事が催されるようになった。

まずは五月の第一月曜日から始まる王立美術院（Royal Academy of Arts）の夏の展覧会である。ジョージ三世により一七六八年に創設された美術院はイギリスの最新の美術作品を世に知らしめる機会を設けた。そして五月半ばには、ロンドン中心部でのチェルシー・フラワー・ショーが開催される。王立園芸協会が一九一三年から毎年開き、協会パトロンであるイギリス国王など王室のメンバーもすべて勢揃いする。ここでも毎年、斬新な庭園や昔ながらの手法に基づくイングリッシュ・ガーデンを楽しむことができる。

そして六月にはロンドン南郊のエプソム競馬場での「ダービー」が催される。前述のとおりダービー伯爵に由来するレースであり、世界で最も有名な競馬競技であろう。

さらに六月には王室に関係する行事が続く。ジョージ六世の時代（一九三〇年代後半）から、公式の国王誕生日が気候のいい六月前半に設定され、娘のエリザベス二世によって六月第二土曜日と決められた。この日は近衛連隊がバッキンガム宮殿の前を行進する。その翌週は、月曜日にイギリス最高位の栄誉であるガーター騎士団のセレモニー（ウィンザー城）、翌火曜からは五日間にわたりウィンザー郊外のアスコット競馬場でのロイヤル・アスコットが続き、紳士淑女が華麗に着飾って連日のレースを楽しんでいる。

月日が流れ、貴族たちにも盛衰は見られたが、ザ・シーズンはいまの世も毎年華やかな行事で彩られているのである。

第三章　栄枯盛衰のイギリス貴族史

⚜デヴォンシャ公爵家⚜

まずは公爵家である。

すでに述べてきたとおり、イギリス貴族の五爵（公侯伯子男）のなかで公爵は別格中の別格となる。二一世紀の現在、イギリスには（王族を除いて）二四の公爵家が残っているが、ここで取り上げるのは「デヴォンシャ公爵家（Duke of Devonshire）」である。

元々の家名はキャヴェンディッシュ（Cavendish）という。公爵家の開祖ともいうべきサー・ウィリアム（一五〇八～一五五七）は、一六世紀前半期に国王ヘンリ八世の宮廷財政を担い、その功績で勲爵士（ナイト）に叙せられた。彼こそが現在でも公爵家の居城となるチャッツワース・ハウス（Chatsworth House：イングランド中央部ダービーシャに建つ）を築いた人物である。

彼の次男ウィリアム（一五五一〜一六二六）が後継ぎとなるが、父とは異なり宮廷より地方に関心を示し、所領経営に邁進した。王朝もステュアート家に代わり、一六一八年にはデヴォンシャ伯爵に叙せられた。この初代伯爵が亡くなる頃までには、伯爵家の所領は一〇万エーカーを超えるまでに拡がった。現在の日本でたとえるなら、横浜市より若干小さい広さということになる。

有名哲学者ホッブズを家庭教師に

初代伯爵はまた子供たちの教育にも熱心であった。伯爵が息子のために住み込みの家庭教師として雇ったのがトマス・ホッブズ（一五八八〜一六七九）。あの『リヴァイアサン』で有名な哲学者である。オクスフォード大学を出たばかりの二〇歳のホッブズは、伯爵から手厚い保護を受け、御曹司の教育にあたった。

その彼とともにフランスやイタリアを修学のために廻ったのが第二代伯爵のウィリアム（一五九〇〜一六二八）。ホッブズとは年齢が近く、こののち彼自身が亡くなるまで終生親交は続いた。

ところが伯爵家に異変が起こる。その二代伯が一六二八年突然亡くなってしまうのである。三八歳という若さであった。伯爵位は当時一一歳の長子ウィリアム（一六一七〜一六八四）が引き継ぐことになったが、まだ子供である。そこで亡き二代伯の未亡人クリスチャン（一五九五〜一六七五）がすべてを取り仕切ることとなった。

男爵家から一二歳という年齢で嫁いできた彼女は、いわば「女傑」ともいうべき存在に成長していた。夫を失ったときもまだ三三歳ではあったが、夫が残した借財も見事に返済した。またホッブズを家庭教師としてとどめ、今度は息子の三代伯の教育にあたらせた。この子もやがてホッブズとともにヨーロッパ大陸を廻り、フィレンツェではかのガリレオ・ガリレイにも会っている。

ヨーロッパから帰国した直後（一六三九年）に三代伯は結婚する。お相手は第二代ソールズベリ伯爵の次女エリザベス。このソールズベリ家については、後ほど詳しく解説していくことにしたい。

「清教徒革命」のさなかに亡命

二人が華燭の典を挙げた当時のイングランドは、実は内乱寸前の状況にあった。ときの国王チャールズ一世が一一年にわたり議会を開かずに、人々から不当な税金を取り立て、はむかうものは不当に逮捕・投獄されていた。国王と議会の対立はついに頂点に達して、ここに「清教徒《ピューリタン》革命（一六四二～四九年）」とも呼ばれる内乱へと発展した。デヴォンシャ伯爵家は国王派に属し、三代伯の弟チャールズは内乱のさなかに戦死している。兄の伯爵は戦闘に加わることはなく、議会派の優位が確定する頃までにはヨーロッパ大陸へと亡命してしまった。チャッツワースも所領もすべて議会派に没収された。国王の首が切られ、議会派により共和政が始まったものの、それも一一年で幕を閉じた。一六六〇年に王政復古となり、伯爵は家族とともに帰国した。これまた女傑の母クリスチャンのおかげで伯爵家の財産はすべて取り戻された。彼女は同じく亡命中だったチャールズ二世（チャールズ一世の長子）に資金を送り、支援を続けていたのだ。三代伯は特に政治活動は活発におこなわず、長年にわたり家庭教師を務めたホッブズを屋敷（ハードウィック・ホール）で看取り、その五年後に彼自身も六七年の生涯を閉じることとなった。

「名誉革命」で公爵家へ

後継者の四代伯ウィリアム（一六四一～一七〇七）もまた、幼少期からホッブズに学んでいる。王政復古とともに庶民院議員に選ばれ、議会活動に邁進した。国政に関心がなかった父とは対照的に、「キャヴェンディッシュ卿（Lord Cavendish）」の名で政治活動を展開した彼は、議会政治のなかで頭角を現していく。イングランド国教会に属していた四代伯は、カトリック教徒であることを公言していた国王の弟ヨーク公爵（のちのジェームズ二世）が王位を継承することに反対を示していた。父が亡くなり第四代伯爵を襲爵《しゅうしゃく》した翌年（一六八五年）、ジェームズ二世が即位し、王は次第に側近をカトリック教徒で固めていく野心をあらわにしていった。

四代伯は同じくカトリック王の即位に否定的だった、国王の女婿で甥にもあたるオランダ総督のウィレムと連絡を密にした。一六八八年六月、ジェームズ二世に男子が誕生し、この子（同じくカトリック教徒）が王位を引き継ぐ可能性が高まるや、他の有力者六名と一緒にウィレムをイングランドに招請する。のちに「不滅の七人」と呼ばれる一角を四代伯は占めていたのである。

これを受けて同年一一月にウィレムはオランダ軍とともに上陸する。イングランドでは大半の貴族たちがジェームズ二世に反旗を翻しており、王は戦わずしてフランスへと亡命した。世に言う「名誉革命（一六八八～八九年）」の成功である。

ここにウィレムはウィリアム三世として妻メアリ二世（ジェームズ二世の長女）と共同統治をおこなうことになった。二人を支える王室家政長官には四代伯が就任した。これらの功績から、一六九四年に伯爵はついに「初代デヴォンシャ公爵」へと陞爵《しょうしゃく》したのである。公爵位と同時に与えられた爵位により、これ以後、公爵家の長子には「ハーティントン侯爵（Marquess of Hartington）」という儀礼上の爵位を名乗れる権利が認められた。

イングランドに立憲君主制を確立した名誉革命の功労者であったにもかかわらず、これ以降公爵は政治にはあまり深入りせず、あくまでも宮廷の運営のみに専心していく。それはまさに公爵家の家訓である「慎重さによって身を守れ（CAVENDO TUTUS）」を実践してみせたかのようであった。こうしてイングランドで上から八番目の家格となる「デヴォンシャ公爵家」の歴史が始まることとなった。

首相に就任した第四代公爵

公爵となったデヴォンシャ家が所有するチャッツワース・ハウスもロンドンの邸宅（デヴォンシャ・ハウス）も、やがてイギリス社交界の中心地へと位置づけられていった。

イギリスの王家もハノーヴァー家に代わった一八世紀前半に登場したのが、第四代公爵ウィリアム（一七二〇～一七六四）である。二一歳で庶民院議員に当選し、一躍若手政治家の中心的な存在となった彼は、父から公爵を引き継いだ翌年、一七五六年になんと首相にまでのぼりつめる。当時三六歳での首相就任は史上最年少、現在でも歴代四位の年少記録である。ただし、その年から始まった七年戦争（一七五六～六三年）に関わるイギリス政治の混乱により、政権はわずか七カ月で崩壊してしまう。

奔放な夫婦生活を送った五代公

四四歳で急逝した四代公のあとに五代公となったウィリアム（一七四八～一八一一）は、父とは違って政治には関心を示さなかった。生涯で三度も入閣を打診されていながら、すべて断ったほどである。

その五代公が関心を示したのは社交生活のほうだった。二五歳のときに初代スペンサ伯爵の長女ジョージアナ（一七五七～一八〇六）と結婚し、ロンドンの邸宅はホイッグ系（のちの自由党）の政治家たちのたまり場にもなっていく。

やがて公爵夫人は夫以外の男性と恋に落ちた。彼女より七歳若いホイッグの有望政治家チャールズ・グレイ。のちに首相となる傑物だった（彼については、このあとに詳述する)。ついに二人のあいだには女子まで誕生したが、一方の五代公にも愛人がおり、二人の婚外子もいたのである。この夫妻は、当時にはよく見られたような奔放な生活を繰り広げていたのかもしれない。

しかしジョージアナにはさらなる悪癖が見られた。ギャンブルである。夫と結婚する前から社交界の華として知られ、パリではかのマリ・アントワネットとも交遊した公爵夫人は四八歳で亡くなったあと、公爵家に五九万ポンドもの負債を残したとされている。

チャッツワース・ハウスに造られた巨大温室

さらに公爵家が負債を抱える原因を作ったのが二人の長男で、一八一一年に家督を継いだ第六代公ウィリアム(一七九〇~一八五八)だった。彼は生涯独身を貫き、愛人をつくるようなこともなかったが、唯一のめりこんだことがある。それがチャッツワース・ハウスだった。先述の通り、この屋敷が一族の居城となって三〇〇年近く経過していたが、六代公はここを自身の趣味によって大改修していく。

特に彼が手間暇をかけたのが庭園であった。そのために雇い入れたジョゼフ・パクストン(一八〇三~一八六五)という庭師は稀代の芸術家でもあり、公爵は彼に長さ八四メートル、幅三七メートルの巨大な温室を造らせた。

一八四三年に屋敷を訪れてこれに大変な感銘を受けたのが、ときのヴィクトリア女王の夫アルバート公であった。この八年後、アルバートはパクストンとともにさらに巨大な温室型の建物をロンドンのハイドパークに建設した。これこそが第一回ロンドン万国博覧会のメイン会場となった「水晶宮（クリスタル・パレス）」であった。総計二九万枚以上のガラスを使用した会場は、五カ月で六〇〇万人にも達した入場客すべての度肝を抜いたとされる。

岩倉使節団を圧倒した巨大噴水

さらに六代公が贅を尽くしてチャッツワースに造らせたのが巨大噴水だった。女王夫妻が来訪した直後、翌年（一八四四年）に屋敷を訪れる予定となっていたロシア皇帝ニコライ一世を喜ばすため、高さ九〇メートルも水が上がる大噴水を設営させたのである。

しかしこうした大事業で、公爵の借財は瞬く間に膨らんだ。一八五八年に彼が亡くなったとき、デヴォンシャ公爵家には一〇〇万ポンド以上もの借金がのしかかっていたとされる。これを請け負わされたのが遠縁にあたり、七代公爵を引き継いだウィリアム（一八〇八～一八九一）だった。

彼は公爵になるや、イングランド北西部のバロー（＝イン＝ファーネス）で製鉄業や造船業にも莫大な投資をおこない、一八七四年にはついに三〇万ポンドの年収を手にする。三万ポンドの年収があれば大貴族といわれた当時にあって、それは公爵がイギリスで最も富裕な人物と言わしめたほどの莫大な富であった。

ちょうどこの頃チャッツワース・ハウスを訪れた日本人一行がいた。岩倉具視を特命全権大使とする岩倉使節団である。一八七二年一〇月に同地を訪問した彼らは巨大な屋敷に圧倒されるとともに、大噴水にも仰天した。「此跳上ノ猛ナル、水晶宮ノ跳水モ及ハサル所ナリ」と、使節団の一員だった久米邦武が記している（『特命全権大使 米欧回覧実記㈡』岩波文庫、一九七八年、三二四頁）。

しかし一八七〇年代後半には、イギリスをも襲った大不況によって公爵家の年収は再び激減し、一八九一年の七代公の没時に公爵家の負債はなんと二〇〇万ポンドにまで膨れ上がっていた。

株式投資で一山当てた八代公

これを引き継いだのが息子のスペンサー・コンプトン（一八三三～一九〇八）である。父とは異なり、政界で活躍していた八代公爵は三二歳で陸軍大臣に抜擢され、四一歳の時には自由党庶民院指導者にまでのぼりつめていた。しかし、ときの大政治家ウィリアム・グラッドストンに翻弄され、彼がアイルランドに自治権を与える政策を進めると、これに反対して自由党を飛び出し、自由統一党を結成して、やがて保守党に合流する。一八八二年に、長弟でアイルランド担当相を務めていたフレデリックがダブリンで民族主義者に暗殺されたことも影響していた。

晩年は、後ほど登場する第三代ソールズベリ侯爵の保守党内閣で枢密院議長として政界の重鎮となった八代公は、所領経営の才にも長けていた。公爵はアイルランドに保有していた土地を売却し、その利益を株式市場に投資した。これが大当たりとなって、父が残した二〇〇万ポンドもの借金を五〇万ポンドにまで減らすことに成功する。

八代公は五九歳まで結婚することはなかったが、若い頃から恋人はいた。ただし人妻だったのだ。お相手はマンチェスタ公爵夫人ルイーザ。これまた社交界では「公然たる秘密」とされる仲だった。一八九〇年にマンチェスタ公が亡くなり、二年後に未亡人は晴れてデヴォンシャ公爵と結ばれた。彼女は「二重の公爵夫人（double Duchess）」などとも揶揄《やゆ》された。

財団化によって今も健在

残念ながら子宝に恵まれなかった八代公爵のあとは、彼の末弟エドワードの息子であるヴィクター（一八六八〜一九三八）が九代公として引き継いだ。八代公爵の才覚のおかげで、公爵家は一八万六〇〇〇エーカーにも及ぶ土地を保有していた。九代公は第一次世界大戦（一九一四〜一八年）中にカナダ総督に着任し、このとき副官として彼を支えたのが若きハロルド・マクミラン大尉、のちの首相である。彼は総督に気に入られ、やがて彼の娘レディ・ドロシーと結婚する。

第一次大戦後には植民地大臣なども務めた九代公爵であったが、この頃から大土地所有者に対する相続税率が大幅に上昇していく。一九三八年に彼が亡くなると、公爵家はこれまでのように広大な自宅を維持できなくなった。何しろチャッツワース・ハウスが建つ敷地だけで三万五〇〇〇エーカー（約一四〇平方キロ）にも及ぶのだ。それは現在の日本にたとえると、東京二三区のうち九区（千代田・中央・港・新宿・文京・台東・渋谷・

品川・墨田）をあわせた広さ（約一三三平方キロ）より大きいのである。

一九四六年から屋敷はチャッツワース財団の管理下に置かれることとなった。そして一一代公爵アンドリューの妻デボラ（一九二〇〜二〇一四）というこれまた「女傑」を得て、公爵家の財政は再建されることとなる。二〇一四年に彼女が九四歳で大往生を遂げたとき、六〇〇人以上にも及ぶ召使いや従業員らが公爵夫人の野辺送りに立った。それはいにしえの公爵家の栄光の名残りにも思われた。

⚜ソールズベリ侯爵家⚜

エリザベス一世の女王秘書長官として

デヴォンシャ公爵家より、爵位では一段下の侯爵で、また財力の面でもかなり劣るが、政治的な格式の面では一歩も引けを取らない名家が存在する。それがソールズベリ侯爵家（Marquess of Salisbury）である。

元々の家名はセシル（Cecil）。その開祖ともいうべき存在が、テューダー王朝半ばから政治の中枢に位置し続けたウィリアム（一五二〇〜一五九八）だった。彼の祖父はウェールズとの辺境地域に土地を持つ小地主にすぎなかったが、ウェールズを基盤とするヘンリ七世が国王となり、その守衛官に就いたことで、セシル家の運命は変わった。こののちセシル家はテューダー王朝とともに興隆の一途をたどっていく。

まずは開祖ウィリアムである。一五五八年にエリザベス一世が即位するや、彼は女王が最も信頼を置く重臣として、女王秘書長官に任命される。女王が送受信する書簡のすべてを取り仕切るとともに、外交をも一手に担っていった。一五七一年、彼はついにバーリ男爵（Baron Burghley）として貴族に叙せられ、翌七二年に大蔵卿に転じた。

二度の結婚を通じ、彼には二人の息子がいたが、出来の悪い長男（のちにエクセタ伯爵となる）とは異なり、弟のロバート（一五六三〜一六一二）は政治的才能に溢れる人物だった。父バーリ卿の推挙もあり、一五九一年に女王はロバートを枢密顧問官に任命する。現在でいえば閣僚に相当するが、二八歳のこの青年はこれ以前に大臣職に就いたことはなかった。まさに大抜擢である。

とはいえ、ロバートは女王と初対面だったわけではない。父が一族の拠点を構えた、ロンドン郊外北部のハートフォードシャの屋敷にエリザベス女王は足繁く通っていた。

少年時代からロバートは女王とは顔なじみだったのである。一五九六年にはかつて父が就いていた女王秘書長官になり、世間は「セシル王国」が建国されたなどと陰口をたたいた。

しかしこの二人のセシルのおかげで、エリザベスの四五年近くにわたる治世は比較的平穏に保たれた。

伯爵位とハットフィールド・ハウスの獲得

ロバートの次なる難題は「ポスト・エリザベス」のゆくえである。生涯結婚をせず、国に人生を捧げた女王の後継者としてロバートが早くから近づいていたのが、王家と遠戚のスコットランド国王ジェームズ六世だった。一六〇三年に女王が亡くなると、すぐさまロバートはジェームズと連絡を取り、ここにイングランド王ジェームズ一世の誕生となった。いままでいがみ合うことの多かった両国は、一人の王をかすがいに「同君連合（personal Union）」を形成することになった。

こうした功績もあり、ロバートは一六〇五年にソールズベリ伯爵に叙せられた。ジェームズ六世とロバートには、こんな逸話も残っている。

狩猟好きだった国王は、たびたびハートフォードシャにある伯爵家の屋敷を訪れていた。屋敷の近辺は狩猟に最適の環境だったのだ。屋敷を気に入った王たっての願いで、伯爵は屋敷を交換することに応じた。かつてヘンリ八世がカトリックの枢機卿から没収したハットフィールド・ハウス（Hatfield House）という、伯爵の屋敷からも近い邸宅が新たな伯爵家の拠点となった。それは今日《こんにち》でもソールズベリ侯爵家の邸宅であり、シンボルにもなっている。

一六〇八年には大蔵卿まで兼ね、ステュアート王朝初期のイングランド政治の全権を掌握した初代伯爵が亡くなると、二代伯爵には息子のウィリアム（一五九一〜一六六八）がついた。彼には父のような政治的野心も才能もなかったが、多くの芸術家や造園家を集め、ハットフィールド・ハウスの外見も内装もより洗練されたものへと変えていく。しかし、その二代伯爵も時代の波にあらがうことはできなかった。

革命に翻弄されたソールズベリ一族

一六四二年に清教徒《ピューリタン》革命（〜一六四九年）が勃発すると、ソールズベリ伯爵家は議会派に与することとなる。国王の首が切り落とされ、共和政が始まるや、二代伯は国務会議のメンバーに推挙される。しかし途中からオリヴァ・クロムウェルの独裁が始まり、伯爵も政治の中枢からは排除された。やがて王政復古（一六六〇年）となったが、今度は王弟ヨーク公爵（のちの王ジェームズ二世）がカトリック教徒であるにもかかわらず、イングランド国教会の体制下で王位を継承する是非をめぐり、議会内は侃々諤々《かんかんがくがく》の論争に発展した。

二代伯のあとを継いだロバートの曾孫のジェームズ（一六四六～一六八三）は、カトリック王の登場に反対だった。一六七九年のある日のこと。ヨーク公が巡遊の帰りにハットフィールドに立ち寄る可能性がでてきた。三代伯爵は突然、家人に何の準備もさせずに外出してしまった。邸宅に着いたヨーク公一行は唖然としながらも、近隣の村にまで食料や蠟燭を調達しに出向かざるを得なくなった。怒ったヨーク公は邸宅に一泊したあと、出がけに伯爵の寝台の上に八シリングを「宿代」として置いていったとの逸話も残っている。

しかし三代伯は幸運だった。彼はヨーク公がジェームズ二世として王位に即《つ》く前にこの世を去ることができた。ところがなんの因果であろうか。あとを継いだ息子ジェームズ（一六六六～一六九四）は、こともあろうにローマでカトリックに改宗してしまった。

名誉革命（一六八八〜八九年）では国王側についた四代伯爵は、革命後にたびたびロンドン塔に収監された。

中興の祖となった女傑メアリ・アメリア

こののち、ソールズベリ伯爵家はイングランド国教会に復帰したものの、半世紀以上にわたり一族から傑物が登場することはなかった。

転機が訪れたのは七代伯爵ジェームズ（一七四八〜一八二三）のときだった。彼は二五歳でひとりの貴族の令嬢と結婚する。お相手は二つ年下のメアリ・アメリア（一七五〇〜一八三五）。主要閣僚を務めるヒルズバラ伯爵の長女であった。彼女は社交の才に恵まれ、ハットフィールド・ハウスもロンドンのソールズベリ・ハウスも一躍、社交界の中心地へと衣替えされていく。

彼女が特にひいきにした政治家が、現在でも破られていない史上最年少記録の弱冠二四歳で一七八三年に首相に就いたウィリアム・ピット（小ピット）だった。これ以後、ソールズベリ・ハウスはピット派（トーリ：のちの保守党）の政治家たちがたむろする社交場のひとつとなった。この機会を逃すような伯爵夫人ではなかった。すぐさま夫を宮内長官に据えてもらい、宮中にまで縁故を拡げたメアリ・アメリアは、一七八九年についに夫を侯爵に陞爵《しょうしゃく》させることに成功を収める。

先ほど登場した第五代デヴォンシャ公爵の夫人ジョージアナ（メアリ・アメリアより七歳年下）は、まさにロンドン社交界における初代ソールズベリ侯爵夫人メアリ・アメリアにとって最大のライバルとなった。ジョージアナの屋敷にはチャールズ・ジェームズ・フォックス系（ホイッグ：のちの自由党）の政治家が集まっていたことも先述したとおりである。

しかし、ギャンブル癖による借金まみれのうちに四八歳で亡くなったジョージアナとは対照的に、メアリ・アメリアは愛人や賭事に溺れることもなく、強靭な体力を維持し続けていく。彼女は賭事より狩猟を好み、なんと七八歳まで続けていたほどだった。これ以後は視力にも衰えが見られたが、八〇歳を過ぎても足腰はしっかりしていた。

そのような彼女を悲劇が襲った。一八三五年の冬にハットフィールド・ハウスの西翼で火事が起こり、侯爵夫人はこれに巻き込まれて亡くなってしまう。八五年の生涯であった。悲劇的な死ではあったが、それはまた生涯を「ソールズベリ侯爵家」のために尽くした、彼女らしい最期であったのかもしれない。

彼女が築き上げたソールズベリ侯爵家に、いよいよ傑物が登場するのが一九世紀後半になってからのこととなる。

苦労人だった第三代侯爵

それはメアリ・アメリアの孫にあたる第三代侯爵ロバート（一八三〇～一九〇三）なのだが、彼の幼少期は悲惨なものであった。五歳のときに祖母が焼死し、九歳のときには母に早世され、ロバートの少年時代は孤独そのものであった。背が高くやせっぽちで、人見知りの激しい彼は、パブリック・スクールの名門校イートンに入学したものの、すぐに壮絶ないじめに遭ってしまう。一五歳で退学し、以後はハットフィールド・ハウスへ帰り独学を続け、オクスフォード大学でのびのびと学問を楽しむことができるようになった。

二三歳で庶民院議員に初当選し、四年後に判事の娘であるジョージナと結婚。五男三女の子宝に恵まれた。しかし前途は多難であった。ロバートは第二代侯の次男であり、侯爵家の世継ぎではなかった。江戸時代の日本の大名と同じく、家督を相続するのは長男だけで、次男三男は「部屋住みの身」にすぎない。しかも江戸期の大名とは異なり、血縁で結ばれてもいない他家に養子として入るわけにはいかなかった。当時の庶民院議員は、第二章でも論じたとおり、もちろん「無給」である。ロバートは持ち前の文才を活かし、新聞や雑誌などに積極的に投稿し、ジャーナリズムの世界で糊口をしのぐしかなかったのである。

兄の急死から首相就任へ

そのような彼に転機がおとずれた。一八六五年に突然、兄が世継ぎを残さず急死したのだ。ロバートは侯爵家の儀礼上の爵位である「クランボーン子爵（Viscount Cranborne）」を名乗るようになった。その三年後、今度は父が亡くなり、ここに彼は第三代侯爵を継承する。

父は政治的には二流であったが、投資の才能は卓越していた。下層中産階級や労働者階級が都市に移住するようになった情勢を鑑み、ロンドンや地方都市の開発に乗り出す。おかげで第三代侯は五万から六万ポンドもの年収を得られるようになっていた。しかも農業に投資を続ける他の地主貴族とは異なり、一八七〇年代以降の農業不況にあってもこれに耐えられる家計が確立されていた。侯爵はハットフィールド・ハウスの修復に乗り出す。

他方で、彼自身の政界における立場も確固たるものになっていく。一八六六年に三六歳でインド担当大臣に就いたのを皮切りに、一八七八年には外相に転任。オスマン帝国の領域をめぐる列強間の衝突（東方問題）を調整するためのベルリン会議（同年六～七月）にも出席し、ドイツの鉄血宰相オットー・フォン・ビスマルクとも意気投合した。

一八八一年から保守党貴族院指導者となり、八四年に選挙法改正問題をめぐって自由党のウィリアム・グラッドストン首相と互角にわたりあった。このときの実力が認められ、翌八五年の政権交代にともない、ソールズベリはついに首相にまでのぼりつめていく。

先述の通り、一八八六年からは自由党側がアイルランドに自治権を与えるか否かをめぐり分裂し、保守党はこれに一致して反対していたため、一九世紀最後の一五年ほどの大半はソールズベリが政権を担う結果となった。侯爵は三度も内閣を率い、通算では一三年二五二日も首相を務めた。これは現時点でも歴代四番目の長さを誇る記録となっている。

さらに晩年の彼の政権は、甥（姉の子）にあたるアーサー・バルフォアや女婿のセルボーン伯爵ウィリアム・パーマーなどが入閣し、「ホテル・セシル」とも言われた。それはまさに三〇〇年前の「セシル王国」を彷彿とさせるような状況であった。三代侯爵は一九〇二年夏にバルフォアに政権を禅譲し、翌〇三年に七三年の生涯に幕を閉じた。

華麗なる五兄弟

侯爵家の政治的な安定は続いた。三代侯爵の五人の息子たちはそろいもそろって優秀だった。長男ジェームズ（一八六一～一九四七）は第四代侯爵を引き継いだが、弟たちもそれぞれひとかどの人物に育っていった。次男ウィリアムは聖職者となり、エクセタの主教にまで昇進する。三男ロバートは政界に入り、第一次世界大戦のさなかに国際連盟の設立に尽力。戦後も連盟を支える活動を国内外で展開し、一九三七年にはノーベル平和賞まで授与された。彼自身もセシル・オブ・チェルウッド子爵に叙せられた。四男のエドワードは陸軍軍人となり、エジプトで軍事と財政双方の行政機構を立ち上げた。そして五男ヒューは政治家になったが、イートン校の理事長として青少年育成に尽くし、クイックスウッド男爵となる。

なかでも長兄の四代侯爵は、偉大な父から引き継いだ侯爵家の名をさらに高めるというプレッシャーにも耐えなければならなかった。二六歳のときにアラン伯爵の次女アリスと結婚し、二人は二男二女に恵まれる。このうちの次女はやがて未来の一〇代デヴォンシャ公爵と結ばれることとなった。

ロイド＝ジョージを失脚に追いやった四代侯

四代侯が政治家として活躍した時代のイギリスは、貴族の時代から大衆の時代へと移り変わる過渡期にあたった。不動産への相続税を大幅にアップする人民予算（一九〇九年）や貴族院の権限を縮減する議会法（一一年）、そしてアイルランド自治法（一四年）など、自由党政権が矢継ぎ早に改革を進めていった。

やがてイギリスは第一次世界大戦（一九一四〜一八年）に突入する。一九一六年からは戦争指導者として定評のあるデイヴィッド・ロイド＝ジョージが首相となったが、爵位や栄誉を金でばらまくとの噂が絶えない新首相に、侯爵は元々否定的な姿勢を見せていた。度重なる入閣要請も断り、戦後しばらくたった一九二二年一〇月には、ロイド＝ジョージを首相から追い落とす保守党内の画策で、侯爵はひと役買うことになる。彼が失脚すると、四代侯は枢密院議長として入閣し、保守党貴族院を主導していく。

しかし時代は大きく変わっていた。いまや保守党が対峙するのは労働党となっていた。労働者の政党である同党に貴族院議員などほとんどいない。とはいえ国民から支持を受けている限りは、労働党の政策に正面から反対せず、妥協をも辞さないで対応すべきとの四代侯の姿勢は、のちに息子の五代侯に引き継がれていく。

「ソールズベリ原則」を確立した五代侯

その五代侯爵ロバート（一八九三〜一九七二）は、第一次大戦に従軍し、実業界で働いたのち、三六歳で庶民院議員として政界入りした。一九三五年には旧知のアンソニ・イーデン外相の下で外務政務次官に就いたが、三八年にはネヴィル・チェンバレン首相の強引な宥和政策（イタリアやドイツに対する迎合策）に反発してイーデン外相とともに辞任した。その彼も第二次世界大戦（一九三九〜四五年）の勃発とともに、ウィンストン・チャーチル政権で自治領大臣に抜擢される。しかし政権側の貴族院に有能な指導者がおらず、チャーチルとイーデンの相談で、ロバートは父が有するセシル男爵位を譲り受けるかたちで貴族院に移ることとなった。

一九四二年からは植民地相と貴族院指導者を兼ねる。親子三代での貴族院指導者である。四七年に父の死で五代侯爵となり、戦後も枢密院議長などを務め、保守党の重鎮となっていた。

そのような折に労働党政権が掲げた選挙綱領が総選挙で勝利をもたらした場合には、貴族院はその政策に反対しないとする「ソールズベリ原則」が確立されていく。彼の孫の第七代侯爵ロバート(一九四六〜)も二〇世紀末に保守党貴族院指導者を務め、労働党政権による行きすぎた貴族院改革に歯止めをかけた。

なお、五代侯にはデイヴィッド(一九〇二〜一九八六)という作家の弟がおり、彼は評伝でも名声を確立した。その一冊が母方の祖先を描いた『メルバーン卿伝』。この本をこよなく愛読したのがアメリカ合衆国第三五代大統領ジョン・F・ケネディであった。

⚜グレイ伯爵家⚜

「イギリス紅茶の代名詞」となった貴族

「アールグレイ」。いまやこの名前は、イギリス紅茶の代名詞のひとつとして日本にも深く定着している。読者の皆さんにも、ベルガモットを効かせたその独特の香りをお好みのかたがいるだろう。しかし、この名前がある貴族に由来することまではご存じない場合が多い。その貴族こそが、「グレイ伯爵（Earl Grey）」なのである。

グレイの一族は、一四世紀にイングランド北東端ノーサンバーランドに中規模な所領を構える地主貴族に端を発している。

所領の経営に成功し、准男爵《バロネット》に叙せられたサー・ヘンリ（一六九一～一七四九）の四男チャールズ（一七二九～一八〇七）は、父が買い取ってくれた陸軍少尉の位から軍人としての経歴《キャリア》を始めていく。

当時は陸軍の中佐から少尉までの位は、一部は「売官制」によって取り引きされていた。その陸軍でチャールズはペティ・フィッツモリス大尉という人物と懇意になる。のちの首相シェルバーン伯爵（八一頁参照）である。このシェルバーンが政権を握ると、彼の縁故からアメリカ独立戦争に司令官として赴任し、戦争には敗れたものの、チャールズは大将にまで昇進し、一八〇六年にはついにグレイ伯爵に叙せられた。

「稀代の名演説家」の二代伯

しかし彼の叙爵は、当時、政界の大立者となっていた長子チャールズ（一七六四～一八四五）の意向が働いていたとされる。伯爵となった翌年、父の死で彼は第二代グレイ伯爵となる。そして彼こそが「アールグレイ」の名前の由来とされる貴族なのである。

イートン校でラテン語と英語を徹底的に学んだ二代伯は、このときのちに「稀代の名演説家」と呼ばれる素養を培ったとされる。一七八六年に庶民院議員となり、ときの大宰相ウィリアム・ピット（小ピット）の政策を痛烈に批判した名演説で、並み居る議員たちに鮮烈な印象を与えてデビューを果たした。

一七九四年にメアリと結婚し、二人はなんと男子一一人、女子四人という子宝に恵まれる。ところがその陰で、グレイには愛人もいたのだ。既に何度も登場している、第五代デヴォンシャ公爵の夫人ジョージアナである。彼女の影響もあり、グレイはチャールズ・ジェームズ・フォックス率いるホイッグ（改革派：のちの自由党）に所属することとなった。

首相として政治改革を実現

一八世紀後半からのイギリス政治は、ピット対フォックスの熾烈な闘争が中心となった。しかしピットが亡くなり、一八〇六年にグレイは連立政権の海軍大臣に就任する。ところがその直後に今度はフォックスが急逝し、政権も崩壊。イギリス政治は混迷期に突入する。一八〇七年から伯爵として貴族院に移ったグレイは、のちに王と離婚騒動で対立する王妃キャロラインを擁護し、国王ジョージ四世から嫌われ、これで首相の芽もなくなったかに見えていた。

しかし一八三〇年に国王が亡くなり、弟のウィリアム四世が即位するや、グレイは長年の親友である新国王から首相に任命される。ここで彼自身の長年の夢であった選挙法改正（下層中産階級への選挙権の拡大）、工場法の改正、救貧政策の改革など、グレイ政権は矢継ぎ早に次々と画期的な政治改革を実現していく。

実は「アールグレイ」という紅茶の名称が、どういう経緯でつけられたのかは定かではない。あるいは、このグレイ伯爵とは関係がないとも言われている。しかし偉大なる改革者としてのグレイの名声がこの独特のフレーバーを放つ紅茶にふさわしいと、当時の人々が想像してつけたとしても不思議ではない。それほどまでにグレイの名声は絶大だった。

南アフリカ会社で築いた莫大な財産

彼を継いだ三代目の伯爵ヘンリ（一八〇二～一八九四）は、父の政権で植民地政務次官に就き、帝国全土での奴隷制度廃止に尽力するなどした。以後は植民地大臣として活躍もしたが、一八五〇年代半ばからは要職に就かず、所領経営などに乗り出していく。おかげで一万六〇〇〇エーカーの土地と年収二万三〇〇〇ポンドを得ていくが、農場の修繕費に二〇万ポンドもつぎ込み、逆に足が出てしまう結果となった。

世継ぎに恵まれなかった三代伯のあとは、二代伯の次男チャールズ（一八〇四～一八七〇）の家に伯爵位は継承されていく。このチャールズは陸軍軍人となり、アルバート公、次いでその妻のヴィクトリア女王の秘書官を務め、君主の秘書官という役職を今日《こんにち》にまで続くかたちで確立した功労者となった。

四代伯爵となったのはこのチャールズの長男アルバート（一八五一～一九一七）だった。庶民院議員となり南アフリカ問題に深く関わった彼は、やがてダイヤモンド鉱業の実力者セシル・ローズの片腕となる。一時は「ローズの番頭」などとも揶揄されたが、このとき得られた植民地行政の知識が、一九〇四年からカナダ総督となった彼には大いに役立ったとされる。伯父の三代伯は六六〇〇ポンド強の遺産しか残せなかったのに、あとを継いだ四代伯の遺産はなんと四六万ポンドにも及んだ。南アフリカ会社の大株主だった際の利益なのか。

分家から内務大臣と外務大臣を輩出

イギリス政治に偉大な足跡を残した「グレイ」は、二代伯爵のあとには、むしろ分家のほうに現れたのかもしれない。

二代伯チャールズのすぐ下の弟が、海軍大佐だったサー・ジョージ・グレイという准男爵である。その長男ジョージ（一七九九〜一八八二）は政治家となり、偉大なる伯父と同じホイッグに属した。一八四六〜六六年の二〇年間のうちの大半の時期、彼は内務大臣を務めている。このときにイギリス内務省は近代的な官僚組織として再編された。まさにサー・ジョージは近代内務省の育ての親ともいうべき存在だった。彼のあとに三代目の准男爵を継いだのが孫のエドワード（一八六二〜一九三三）である。一二歳のときに父を失ったエドワードは、祖父から「高貴なるものの責務《ノブレス・オブリージュ》」をしっかりとたたき込まれた少年だった。

二〇歳でその祖父から准男爵を継承し、二三歳のときに庶民院議員に当選したエドワードは、三〇歳で外務政務次官に抜擢される。これ以後は、外交のエキスパートとしての彼の政治家人生が本格的に始まる。一九〇五年、四三歳のときにはついに自由党政権の外務大臣となり、フランスやロシアとの協調関係を補強した。しかし時代は風雲急を告げる事態へと変わっていく。

幣原や近衛も尊敬したグレイ外相

一九一〇年代に入り、バルカン半島をめぐるオーストリアとロシアの勢力圏争いが激化していた。グレイ外相はロンドンで国際会議を開き、事態の収拾に乗り出した。

しかし一九一四年六月二八日のサライェヴォ事件で、皇位継承者を暗殺されたオーストリアはセルビアに最後通牒を突きつけていく。それぞれの背後にドイツとロシアがつき、最終的にはイギリスもドイツに宣戦布告せざるを得なくなっていく。その重責を議会で背負わされたのがグレイ外相だった。八月三日の夕方に議会で演説を終えた彼は、外相執務室に戻り、窓の外を眺めながらこうつぶやいた。「ヨーロッパの街という街から灯《あかり》が消えていく。そして我々は生涯それを見ることはないだろう」。翌日イギリスは大戦に突入した。

　グレイは一九一六年末に辞任するまで一一年の長きにわたり外相を務めた。それは連続在任記録としては最長のものである。外相から退く五カ月ほど前に、彼はグレイ子爵（Viscount Grey of Fallodon）に叙せられた。

　このグレイを尊敬してやまない日本の政治家がいた。ひとりは戦後に首相を務めた外交官出身の幣原喜重郎。彼はグレイが外相に就くにあたり、所有していた株式のすべてを売却した彼の外交官としての潔さに感服した。もうひとりが近衛文麿。公卿の最高峰に位置する家の出である彼は、イギリスの政治家のなかで学識教養とともに高く、その生活も非常に雅趣に富んでいるグレイの姿に感銘を受けていた。

　グレイは政治一辺倒ではなく、田舎での毛針釣り《フライ・フィッシング》や野鳥の観察もプロ並みの趣味人だったのだ。こうした趣味人の血統は、あるいは曾祖父の兄「アールグレイ」から引き継いだのかもしれない。

⚜アスター子爵家⚜

アメリカの大富豪に生まれて

「ウィンストン！　もしあなたが私の夫だったら、あなたのコーヒーに毒を入れてやるわ！」

「ナンシー！　もし私があなたの夫だったら、迷わずそれを飲むね！」――

このすさまじい会話は、さる貴族の豪邸の朝食の席で繰り広げられたものとされている。しかし実際にはこれはよくできた「作り話」とも言われる。会話の主は、のちのイギリスの大宰相ウィンストン・チャーチルと、この館の女主（ホステス）であるナンシー・アスター。かの言葉の達人チャーチルを向こうに回し、これだけの会話を交わせるような「女傑」を生み出した「アスター子爵（Viscount Astor）」家とは、いったいどのような貴族だったのだろうか。

実はアスター家の開祖はアメリカ人だった。ドイツから合衆国へと移民した一族の先祖が、ジョン・ジェイコブ（一八二二～一八九〇）の時代に不動産投資と開発で巨万の富を得た。そのひとり息子がウィリアム・ウォルドルフ（一八四八〜一九一九）。父の事業を手伝い、現在もニューヨーク屈指の最高級ホテルとして君臨する「ウォルドルフ・アストリア」の基盤を築く傍ら、州の上院議員や在イタリア公使なども務めた彼は、一八九〇年に父が亡くなると、なんと一億ドルを超える巨額の遺産を受け継いだ。

「新聞男爵」から子爵へ

ところが彼はそのまま家族を連れてイギリスへと渡ってしまう。彼はアメリカの浅薄な文化をバカにし、ヨーロッパにこそ真の文明があると考えていた。ロンドンで生活した後、一八九三年にはイングランド南東部バッキンガムシャのマーロウの近郊に「クリヴデン・ハウス（Cliveden House）」という邸宅を購入した。

さらにこの頃、ウィリアムが買収したのが『ペル・メル・ガゼット』という夕刊紙だった。保守党支持者のウィリアムは、元々は自由党を支持する同紙を保守党系の有力紙に替えてしまった。さらに長男ウォルドルフ（一八七九〜一九五二）からの助言を受けて、ウィリアムは日曜紙『オブザーヴァー』まで買収した。『ガゼット』はやがて売却してしまったウィリアムだが、『オブザーヴァー』は息子と稀代の名編集長ジェームズ・ガーヴィンに任せ、一流紙の仲間入りを果たさせている。

二〇世紀初頭のイギリスは、新聞や雑誌の所有者《オーナー》が政治に大きな影響力を及ぼす時代になっていた。彼らはやがて叙勲や果ては爵位まで受け、「新聞男爵（Press Baron）」などと揶揄されていく。アスターもご多分に漏れず、一九一六年に男爵、そして翌一七年には子爵に叙せられた。ところがこの叙爵が息子との決裂をもたらすとは想像だにしていなかった。

米国人女性ナンシーと結婚

アメリカの粗野な生活を嫌ったアスター子爵の方針もあり、イギリスへ渡った二人の息子はそろってイートン校からオクスフォード大学に進学し、ジェントルマンとしての教育をほどこされた。父の希望通り、兄弟はスポーツマンとしても、さらには政治家としても大成しつつあった。次男のジョン・ジェイコブ（一八八六～一九七一）は、一九〇八年のロンドン・オリンピックのラケッツ（スカッシュに似た競技）のダブルスで金、シングルスで銅メダルを獲得した。

長男のウォルドルフは一九〇五年にアメリカを旅したとき、ある女性と電撃的な恋に落ちる。それが冒頭に登場したナンシー（一八七九〜一九六四）だった。ウォルドルフと同い年の彼女はヴァージニア州で生まれ、一八歳で結婚したものの、アルコールに溺れた夫の家庭内暴力が原因で離婚していた。二人は出会うなり意気投合し、一九〇六年五月にイギリスで結婚した。父アスターは息子の結婚祝いに、クリヴデン・ハウスをそっくり贈った。かわりに彼自身はイングランド南部のケントにヒーヴァー城を購入し、以後はそこで生活を続ける。ウォルドルフ夫妻はやがて四男一女を授かることとなった。

子爵継承と政治生命の終わり

結婚から四年後の一九一〇年の総選挙で、ウォルドルフはイングランド南西部プリマスの選挙区から立候補し、庶民院議員に当選する。政治活動も軌道に乗り始めたその矢先に、彼の出鼻をくじいたのが父の受爵だった。父もすでに七〇歳に近く体調も思わしくない。もし亡くなればウォルドルフ自身が爵位を継ぐことになる。そうなればウォルドルフは貴族院へ移籍しなければならない。一九一一年に成立した議会法（第四章で詳述する）により、いまや貴族院は権限も縮小され、野心のある政治家が活躍する舞台は庶民院であった。自分に何の相談もなく爵位を受けた父と子の間では、父が亡くなるまでわだかまりが消えることはなかったとされる。

やがてイギリスは第一次世界大戦（一九一四〜一八年）に突入した。一九一六年から首相として政権を率いたデイヴィッド・ロイド＝ジョージの側近中の側近となったのがウォルドルフだった。首相は王権と議会を蔑ろにしたばかりか、閣僚にもろくに意見を訊かず、自身のブレーンというべき閣外の協力者をダウニング街一〇番地の首相官邸に集め、その中庭で会議を開いて彼らの意見を徴していた。ウォルドルフもそのメンバーであった。一九一九年にウォルドルフは第二代子爵となった。事前になんとか爵位を継がなくて済む手段を法的に講じていたが、すべて徒労に終わった。これでウォルドルフの政治生命は終わったといわれる。

イギリス史上初の女性議員

彼が地盤を築き上げたプリマスの選挙区は、妻ナンシーが受け継ぐこととなった。一九一九年の選挙で彼女は当選し、ここにイギリス史上初めての女性議員が誕生した。元々彼女は女性参政権などには関心がなく、その後、次々と当選してきた女性議員らとの関係もぎくしゃくしたものだった。しかし、やがて彼女自身も「女性の権利」を主張することに目覚め、議会内における女性運動の指導者の一人となっていく。

さらに夫妻は、一九三〇年代に入るとそろってヨーロッパを歴訪した。その旅程でアドルフ・ヒトラーやヨシフ・スターリンとも会見している。夫妻はナチスの独裁体制には心底批判的だったが、大戦後に敗戦国ドイツに過酷なまでの賠償金や領土を要求したイギリスの政策には後ろめたさを感じていた。

二人の屋敷は、イギリスの主要な政治家やチャールズ・チャップリン、マハトマ・ガンディーなどの世界的著名人も集う社交場となっていたが、やがて対ドイツ宥和政策を進めるネヴィル・チェンバレン首相やハリファクス外相が、駐英ドイツ大使ヨアヒム・フォン・リッベントロップらと極秘の会合を持つ場にもなっていく。カズオ・イシグロの名作『日の名残り』（ハヤカワepi文庫）で描かれた「ダーリントン伯爵」のモデルのひとつが、まさにアスター子爵夫妻だったのである。

しかし、そのドイツと第二次世界大戦（一九三九～四五年）に突入し、プリマスは空爆の被害に遭った。事実上、政界を引退していたアスター子爵は、プリマス再建のために尽力していく。そして一九四五年に体調を崩した子爵は、妻ナンシーに政界からの引退を要請し、彼女は泣く泣くそれに従う。政治に興味を持っていた彼女は、これ以後、夫が亡くなるまでこのときの「恨み」を忘れることはなかった。一九五二年に第二代子爵は亡くなり、長男が三代目を継承する。

公共の福祉に尽力した兄弟

他方で、ウォルドルフの弟ジョン・ジェイコブのほうは、第一次大戦に従軍して負傷し、右足を切断するに至った。しかし帰国後に父からヒーヴァー城を譲られ、庶民院議員を務める傍ら、高級紙『タイムズ』を買収した。それ以前のオーナー（ノースクリフ子爵）が自身の思想を強引に押しつける手段として新聞を利用したため、かなり品位が落ちていた同紙は、彼のおかげで再び高級紙にふさわしい格付けを得た。ジョン・ジェイコブもアスター男爵として貴族院入りする。

アメリカ出身で毀誉褒貶《きよほうへん》の激しい貴族の兄弟ではあったが、晩年は莫大な財産のほとんどを寄付し、公共の福祉のために尽力した。このあたりには、父が望んだ「ジェントルマン」の教育が実によく活かされたのかもしれない。

⚜バイロン男爵家⚜

「ある朝目覚めてみると有名人になっていた」。これは一九世紀の英国を代表する詩人、ジョージ・ゴードン・バイロン（一七八八〜一八二四）が彼の代表作『チャイルド・ハロルドの巡礼』を発表した直後に記した、有名な一節である。読者のなかにもバイロンの愛読者はいるかもしれないが、その彼が「バイロン男爵（Baron Byron）」という歴《れっき》とした貴族の家に生まれ、貴族院議員の議席も有していたことは意外と知られていないかもしれない。

パリで客死した初代男爵

バイロンの一族は、元々はイングランド北西部のランカシャに所領を有していたが、一六世紀半ばのサー・ジョン・バイロンの時代に、中北部のノッティンガムシャに建つニューステッド・アビー（修道院）が国王ヘンリ八世から下賜され、以後はここが拠点となった。

まず一族のなかで頭角を現したのがジョン（一五九八／九九〜一六五二）。彼はノッテインガムシャ選出の庶民院議員となり、ときの国王チャールズ一世の側近に取り立てられる。

王の失策によりスコットランドで反乱が勃発するや、ジョンはすぐさま兵を集めて鎮定に乗り出す。しかし事態はやがて清教徒《ピューリタン》革命（一六四二〜四九年）へと発展した。国王派について、当初は連戦連勝の勢いを示したジョンは、一六四三年についに国王から初代バイロン男爵に叙せられた。しかし、オリヴァ・クロムウェルの登場で一六四五年頃からは逆に連戦連敗へと追いやられる。チャールズ一世の首は切り落とされ、議会派の勝利で革命は幕を閉じた。ジョンは生き残った王族たちと一緒にフランスに逃れ、パリで突然この世を去った。

海軍提督の祖父、女たらしの父

爵位はジョンの弟リチャードの家系に引き継がれ、第四代男爵ウィリアムの次男ジョン（一七二三〜一七八六）が次の傑物となった。彼は海軍の将校になり、船で世界中を廻った。アフリカ、大西洋、南米、太平洋、そしてカリブ海。最終的には提督の地位にまでのぼりつめ、文字通り「七つの海の覇者」となっていた。ところが同じ名前の長男ジヨン（一七五六～一七九一）は、陸軍将校となったものの、父とはまったく比較にならない、箸にも棒にもかからない男になってしまった。バイロン大尉はハンサムで女たらしであった。

最初の妻は、四〇〇〇ポンドの年収が保証された裕福な家の出であったが、彼女が亡くなるとバイロン大尉は「金のなる木をもった」別の女性を求めて、イングランド西部の保養地バースへと旅に出る。ここでまた資産家の娘キャサリン・ゴードンに出会う。彼女と結婚するや、キャサリンの持参金二万三〇〇〇ポンドをすべて取り上げ、莫大な金はこれまでの借財の返済で瞬く間に消えてしまった。やがて二人は男子に恵まれたが、その後も大尉は借金取りから逃れるため、母子を置き去りにしてあちこち転々とする始末であった。

そのような矢先、大尉は三五歳の若さで肺病で急死した。残された母子は母の実家からの援助でなんとか生活していく。バイロン大尉は、あまりの放蕩ぶりに呆れた四代男爵から廃嫡されていたのである。わずか三歳で父を亡くしたこの男の子こそが、のちの偉大なる詩人ジョージ・ゴードン・バイロンそのひとであった。

一〇歳で男爵に、二四歳で一流詩人に

そのままなら日陰者としての人生が待っていたであろうジョージに、運命の女神が微笑んでくれるときがきた。一七九四年に第五代男爵の世継ぎ（孫）がフランス革命戦争のさなかに戦死し、六歳のジョージが突然男爵家の後継者となったのである。その四年後に老男爵が逝去し、ここにジョージは一〇歳にして第六代男爵となる。とはいえ、この頃までに男爵家は落ちぶれており、ニューステッド・アビーは荒れ放題。なんとか母子の生活費や男爵自身の学費は賄うことができたが、貴族としてはギリギリの生活となった。

それでもパブリック・スクールの名門ハロウ校からケンブリッジ大学に進み、バイロンはやがて詩作に没頭するようになる。そして一八〇九年にはヨーロッパ大陸の旅へと出かける。当時はナポレオン戦争（一八〇〇～一五年）のさなかにあり、バイロンの旅は主に地中海とギリシャ、トルコなどに限られた。そのさなかに母が突然病死した。翌一二年に旅からのインスピレーションをもとに刊行したのが、『チャイルド・ハロルドの巡礼』。冒頭に記したとおり、これで一躍彼は一流詩人の仲間入りを果たすのである。

この頃のバイロン男爵を描写した記録が残っている。「彼はハンサムで快活で、会話も楽しい。あらゆる話題についていける。男たちは彼に嫉妬し、女たちはお互いに嫉妬する」。この言葉を残したのは、当時のロンドン社交界の華のひとりだった、あの第五代デヴォンシャ公爵の夫人ジョージアナである。彼女と親密になったバイロンは、彼女を通してホイッグ系の政治家たちと親交をもった。バイロンは貴族院議員として議会で三度演説にも立っている。政治改革とカトリック教徒（当時まだ政治的に差別されていた）の差別撤廃を訴える、改革派としての立場からの発言だったようである。

ギリシャに死す

社交界の寵児となったバイロンは、やがて愛人（のちの首相メルバーン子爵の夫人）ももつようになったが、一八一五年には文通相手だったアナベラと結婚し、一人娘にも恵まれる。しかし亡父の悪い癖を引き継いだのか、母子の許にはほとんど帰らずにあちこち放浪する始末。ついに夫妻は離婚し、母子は彼とは二度と会わないことになってしまう。

バイロン自身はニューステッド・アビーも九万五〇〇〇ポンド近くで売却し、所領からの収入と彼自身の原稿料とで六〇〇〇ポンドほどの年収を得られるようになっていた。

この潤沢な資金をもとに彼はイタリアに邸宅を借りて、さらなる詩作に励む。

しかし今度は祖父（バイロン提督）伝来の冒険心がうずくようになったのか。一八二〇年代にはいり、ギリシャがオスマン帝国からの独立を求めて戦争に乗り出す。ヨーロッパの文明の源であり、若き日に訪れた追憶からも、バイロン男爵はついにギリシャ独立戦争に参戦を決意する。しかし現地で熱病に罹った彼は、一八二四年四月にあっけなく急死した。まだ三六歳という若さであった。訃報は五月半ばにはロンドンにも伝わり、イギリス中に大きな衝撃を与えた。爵位はいとこ（父の弟の子）のジョージが引き継ぐこととなった。

コンピューターの発展に寄与した一人娘

残されたアナベラと一人娘エイダは、母の実家の支援を頼りに何不自由のない生活を送れた。母は、娘には父のようになってほしくなかった。想像力のたくましい娘ではあったが、詩作ではなく、数学や科学の道に進ませてついに成功を収める。やがてエイダは当代一流の数学者チャールズ・バベッジと出会い、彼が研究を進めていた階差機関や解析機関（巨大な計算機）に興味を示し始めていく。そして一八四三年には彼の研究にエイダ自身の理論と分析を付した論稿を発表した。これがのちに「初歩的なコンピューター」研究の草分けとして、世界に認められていくことになるのである。

しかしやがてエイダは子宮癌を患い、三六歳でこの世を去る。生後一カ月ほどで生き別れになった父バイロンと同じ年齢で亡くなるとは、なんと皮肉なことであろうか。

一九七九年にアメリカ国防総省は、新しいプログラミング言語の名称を発表した。「エイダ（Ada）」。コンピューターの発展に寄与したバイロンの一人娘に敬意を表して付けられた名前である。ともに三六歳でこの世を去った父と娘は、それぞれ別の世界で不朽の名声を手に入れたのだった。それはまた、バイロン家の家訓「バイロンを信じよ（Crede Byron）」を異なる道から実践して見せた、父と娘だったのかもしれない。

コラムⅢ　ジェントルマンズ・クラブ――貴族の密談場

ロンドンの中心部セント・ジェームズ宮殿の近隣地区にあたる、セント・ジェームズ通りやパル・マル（Pall Mall：ペル・メルと発音されることも多い）界隈には瀟洒《しょうしゃ》な建物が建ち並ぶ。その多くが一八世紀後半から続く「ジェントルマンズ・クラブ」と呼ばれる、会員制のクラブである。メンバーはすべて男性で「女人禁制」が原則である。

クラブの大半は、現会員二名による推薦で理事会により協議され、新会員を選んでいる。一八～一九世紀のクラブのメンバーは地主貴族階級か上層中産階級だった。馬車ですぐのところにあるウェストミンスタの議会政治（政党政治）もクラブには反映され、保守党系のクラブ（カールトン）と自由党系のクラブ（リフォーム）に分かれ、反対党側の議員が入会することはまずなかった。

特にカールトン・クラブは保守党の牙城ともいうべき場所で、一八四六年の穀物法廃止をめぐり保守党が保護貿易派（ダービー派）と自由貿易派（ピール派）とに分裂し、その後ピール派の多くの議員が保守本流から離れると、カールトン・クラブを退会するものも多く出たという。のちの大宰相ウィリアム・グラッドストンもピール派の重鎮となるや、クラブで食事を摂っているとダービー派の議員たちからなじられ、ついに退会した。

このカールトン・クラブが衆目を集めたのが一九二二年一〇月のこと。大戦中から連立を組んできた自由党のロイド＝ジョージ首相の横暴な政策に、ついに保守党の政治家たちが我慢ならなくなり、クラブでの投票の結果、連立政権から離れることが決まった。この翌日ロイド＝ジョージ首相は辞任に追い込まれた。

現在では、女性を同伴しての食事や女性会員の入会を認めるクラブも増えている。これもまた、時代とともに柔軟性を示すイギリス貴族の特質を示す風潮といえようか。

第四章　現代に息づくイギリス貴族の影響

貴族たちのたそがれ——農業不況と相続税

イギリスに限らず、ヨーロッパが貴族政治によって支配されていた一九世紀。大陸には大勢の貴族たちが跋扈《ばっこ》していた。プロイセン（ドイツ帝国の中核を担った）には二万人、イタリアには一万二〇〇〇人、オーストリアには九〇〇〇人の貴族がおり、ロシアにいたっては一〇〇万人以上の貴族がひしめいていたとされている。当時のロシアの人口（約一億二五〇〇万人）と比較しても、その数は多すぎた。もし一九世紀末のロシアと同じ人口比の貴族がイギリスにいたとしたら、その数は三〇万人以上にも達する。

ところが、当時のイギリスには爵位貴族は五八〇人、准男爵《バロネット》も八五六人という具合に、貴族の数は人口のなかでもきわめて少ない比率しか占めていなかったのである。それにもかかわらず、彼ら爵位貴族だけで国土の実に半分ほどの土地を占有していたのであるから、イギリス貴族はヨーロッパの貴族たちと比べても桁違いの大金持ちであった。

しかし、そのイギリス貴族にもついに「たそがれどき」がおとずれることになる。まずは一八七〇年代から本格化した「農業不況」である。アメリカ南北戦争（一八六一〜六五年）が終結するや、交通手段の急速な発達により、南北アメリカ大陸やオセアニアから大量の安い穀物がヨーロッパ大陸へと流れてきた。それはロシア、プロイセン、フランスの地主階級に大打撃を与えるとともに、イギリスにもその余波は及んだ。

さらに、一九世紀末からジェントルマン階級に襲いかかってきたのが、不動産を対象とする「相続税」であった。それまでは、動産を対象とする相続税はあったものの、不動産はお目こぼしにあずかっていた。それが一八九四年の自由党政権の政策により、一〇〇万ポンド以上の価値をもつ土地を所有する地主には八％の相続税が課せられるようになったのである。このときでさえ、特に保守党系の貴族らが牛耳る貴族院では大きな反発の声があがったが、二〇世紀に入るやこの税率はさらに高まっていく。

その契機となったのが、やはり自由党政権が進めた「人民予算」と呼ばれる予算案であった。当時の財務大臣デイヴィッド・ロイド＝ジョージが、社会福祉政策の一環として、老齢年金を導入しようと試み、その財源に相続税や所得税を増税して充てようとしたのだ。これにより不動産への相続税は倍に近い一五％に跳ね上がることになった（一九〇九年）。

二〇世紀初頭、イギリスでは労働者階級みずからが政党を立ち上げ、「労働党」が結成された（一九〇六年）。それまで労働者階級の票を自党に引きつけてきた自由党としては、ここでひるんでいてはおしまいである。そこで彼ら庶民を引き寄せる政策として、老齢年金の支給など、社会福祉政策が次々と進められることにつながったわけである。

しかしこの予算案には、保守党と貴族院が猛反発した。特に貴族院では、日頃は審議に出席することもなかったような貴族たちが次々と押し寄せてきた。そして、庶民院を通過した予算案がなんと貴族院で圧倒的多数により否決され（賛成七五票、反対三五〇票）、予算案は廃案とされてしまう。

イギリスでは、一八世紀末までに立法権における庶民院の優位が確立されて以来、国民のお金の使い方について、その国民から選挙で選ばれる庶民院を通過した法案が、選挙の洗礼をいっさい受けない貴族院で否決された前例はなかった。マスメディアはこの予算案に「人民予算」というあだ名をつけ、貴族たちがこれを阻止していると、連日新聞雑誌で彼らを批判し、ある種の「階級闘争」を煽ることとなった。

最終的には、与党自由党（庶民院で優位）と野党保守党（貴族院で優位）のあいだで、国王を媒介役として調整が図られ、翌一九一〇年に人民予算は議会を通過することとなる。しかもこののち、一〇〇万ポンド以上の土地を有する大地主に対する相続税率は、四〇%（一九一九〜三〇年）、五〇%（一九三〇〜三四年）、という具合に急激に増加し、一九三九年には、ついに六〇%にまで上昇してしまうのである。

第一次世界大戦の余波——貴族政治から大衆民主政治へ

こうした情況にさらに追い打ちをかけたのが、人民予算の成立からわずか四年後に生じた第一次世界大戦（一九一四〜一八年）であった。当初は、バルカン半島をめぐるオーストリアとセルビアの衝突に過ぎなかったものが、様々な問題が重なり、ついにヨーロッパ五大国のすべてを巻き込む大戦争へと発展した。

これら五大国が参戦した最後の戦争は、これより一世紀前のナポレオン戦争（一八〇〇〜一五年）にまでさかのぼることができる。このときも戦争は断続的にヨーロッパ全土で生じ、多大なる犠牲者を出していた。しかしこの時代の戦争は、各国の貴族や上流階級からなるプロの陸海軍人（将校）と義勇兵が主体であり、極端な言い方をすれば、国民の数%程度しか実際の戦闘には関わっていなかった。

ところが時代は大きく変わっていたのだ。この一〇〇年ほどのあいだに兵器の殺傷能力は比べものにならない程までに上がっていた。機関銃、速射砲、毒ガス、装甲艦（鋼鉄で覆われた戦艦）、潜水艦、魚雷、飛行機など、戦場に駆けつけた兵士たちはあっという間に命を失い、本国にさらなる兵力を要求してきた。両軍は戦場に塹壕《ざんごう》を掘り、敵軍が疲弊するのを待ってから前進した。戦闘は長期化・泥沼化した。「今年（一九一四年）のクリスマスまでには終わるだろう」などと楽観視していた将校も兵士たちも、四度のクリスマスを塹壕で過ごさなければならなくなった。

ただし、それは運がよければの話である。戦争が開始したばかりのとき、多くの将兵らは機関銃や砲弾で命を落とした。特に最初の四カ月（一九一四年八～一二月）だけで、イギリスは爵位貴族六人、准男爵一六人、貴族の子弟九五人、准男爵の子弟八二人を失った。それは戦場に駆けつけた地主貴族階級の成年男子の一八・九五％にも及んだのである。

彼らジェントルマン階級の成年男子らは、中世以来の「高貴なるものの責務《ノブレス・オブリージュ》」の精神を信じ、大戦勃発と同時に真っ先に戦場に駆けつけた。しかし、彼らを待ち受けていたのは、中世以来の華やかな甲冑を身にまとった騎士道精神などではなく、相手を無情にも大量に殺戮できる機関銃や砲弾だったのだ。

ジェントルマン階級の子弟は士官学校の出身者も多くいたため、従軍時には年齢に応じて陸軍では中佐以下の将校クラスとなり、彼らは前線で自ら隊を率いて、突撃する場合が多かった。一九一四年の数字では、一般兵士の死亡率が一七人に一人（五・九％）であったのに対し、貴族出身の将校の死亡率は七人に一人（一四％）にも達していた。四年にもわたった大戦全体では、イギリス軍の全体の平均が八人に一人という戦死者の比率であり、貴族とその子弟に限るとそれは五人に一人という数字になったのである。

第一次世界大戦はイギリス側の勝利で終わったものの、帰国した爵位貴族出身の将校らを待ち受けていたのが、いまや四〇％にも達していた莫大な相続税であった。特に当主や世継ぎに戦死者を出した貴族には大変な災禍をもたらした。

大戦後には、土地価格の高騰とも相まって、多くの地主貴族階級が自身の土地を手放すことにつながった。大戦をはさんだ一九一〇年から二二年にかけての時期だけで、国土の半分近くにも及ぶ土地の所有者が変わってしまったといわれている。もはや地主貴族階級は大富豪の代名詞ではなくなった。一九世紀（一八〇九〜七九年）までは百万長者のうち実に八八％が地主貴族で占められていたのが、一九一四年までにそれは三三％にまで減少し、大戦とともにその比率はさらに下がっていった。

貴族たちが影響力を減退させたのは経済の側面だけではなかった。第一次世界大戦は、先にも述べたとおり、ナポレオン戦争のときのような職業軍人と義勇兵だけの戦争では済まされなくなっていた。イギリスでも史上初めて「徴兵制」を導入して（一九一六年）、一八歳から四一歳までの五体満足な成年男子はすべて戦場に向かわされた。さらに彼らの多くがこれまで担ってきた工場等での労働は、女性たちに託されることになった。

第一次世界大戦は、人類が初めて本格的に「総力戦（Total War）」に乗り出した瞬間であった。国民の数％ではなく、すべての国民がまさに国家総動員体制で戦わなければ勝てない戦争になっていたのである。そして「国を守る」という最大の責務を果たしたのであるから、戦後には最大の権利も与えられてしかるべきであろう。それが選挙権であり、被選挙権であった。大戦終結の年（一九一八年）には二一歳以上の男子と三〇歳以上の女子に国政選挙での選挙権が付与されることになった。さらに一〇年後の一九二八年には女子の選挙権も二一歳に引き下げられた。

こうした状況はなにもイギリスだけに特異な現象ではなかった。世界大戦は、勝った側でも負けた側でも、男女普通選挙権をもたらす重要な契機になっていったのである。

さらに大戦に敗北した側では「帝国」まで崩壊した。それまでのヨーロッパ国際政治に五〇〇年以上にわたって君臨してきたハプスブルク帝国、戦前にはヨーロッパの中核的な位置にあったドイツ帝国、さらに一時はヨーロッパ全体を恐怖に陥れたオスマン帝国が、それぞれ消滅していった。さらに大戦の緒戦でドイツ側に連敗し、ついには国内の革命で倒壊させられたのが、ロマノフ王朝のロシア帝国であった。

大国のなかで唯一、帝国と君主制とが維持されたのがイギリスだったのである。しかしそのイギリスでも、もはやかつてのヴィクトリア時代とは異なり、貴族政治（aristocracy）から大衆民主政治（mass democracy）へと政治の主体は大きく変わっていた。大戦の終結から六年後（一九二四年一月）には、ついに労働党の単独政権が樹立されるにいたる。

イギリス貴族の性質自体も大きく変わった。一九二二年の時点で、イギリスにいた六八〇家の爵位貴族のなかで、由緒正しき地主貴族は二四二家だけとなり、数のうえでは実業界出身の貴族（二七二家）に抜かれてしまったのだ。この他の貴族は、弁護士や医師、高級官僚や海陸の軍人など専門《プロフェッション》職階級で占められるようになり、もはやジェントルマン階級が上流階級を支配したような時代は終焉を迎えつつあった。

第二次世界大戦後の状況——「お殿様」の時代の終わり

そして地主貴族階級の大半が名実ともに終焉を迎えていくのが、第二次世界大戦（一九三九～四五年）のあとということになる。

第一次世界大戦という未曾有の大戦争を終えたヨーロッパではあったが、平和の時代はつかのまで終わってしまった。アドルフ・ヒトラー率いるナチス・ドイツがヨーロッパ中を席巻《せっけん》し、一時はイギリスだけが一国でこれに抵抗を続けるような状態となった。それもソ連（一九四一年六月）とアメリカ合衆国（同年一二月）の参戦によって救われていく。第二次世界大戦でもイギリスは戦勝国の仲間入りを果たしたが、もはやその国力は衰退しきっていた。戦後はアメリカとソ連が地球規模での覇権をめぐる「米ソ冷戦」の時代へと突入し、イギリスでもインド帝国の解体（一九四七年）を皮切りに、アジア・アフリカの植民地が次々と独立していき、もはや「大英帝国」など姿を消してしまうこととなった。

その一方で、イギリスは戦後は「ゆりかごから墓場まで」をスローガンとするさらなる社会福祉国家へと転換していく。その財源となったのが、またもや地主貴族階級に対する莫大な相続税や各種の重税だったのである。

第二章にも登場したが、ナポレオン戦争の英雄にして首相まで務めたウェリントン公爵（Duke of Wellington）の末裔など、一九四四年の時点で年間に四万ポンドの地代収入が見られたが、直接・間接双方の重税のおかげで手許にはなんと四〇〇〇ポンドしか残らなかったとされている。これでは土地・建物の維持や使用人への給与にも事欠くほどだった。

さらに大戦終結から三年後の一九四八年には、一〇〇万ポンド以上の価値のある土地を所有する地主に課せられる相続税率は、ついに七五％にまで膨れ上がることとなった。

この時期に当主が亡くなった名門貴族は、一気に危機的な状態へと追い込まれていく。第三章の冒頭にも登場した名門中の名門デヴォンシャ公爵家（Duke of Devonshire）など、大戦前の一九三八年に第九代公爵が亡くなり、戦後五年ほど経った一九五〇年に第一〇代公爵が逝去した。しかもこの間の一九四四年には、一一代目を継ぐはずだった一〇代目の長男が戦死もしていた。このため第三章の公爵家の最後に登場した彼の弟（アンドリュー）が第一一代デヴォンシャ公爵を襲爵《しゅうしゃく》することとなった。

このとき公爵が支払わされた父からの相続税はなんと二五〇万ポンドにも及んだとさ

れる。このために彼は先祖代々受け継いできた土地も切り売りしなければならなくなった。デヴォンシャ公爵家の所領は、一三万三〇〇〇エーカーから五万六〇〇〇エーカーへと、半分以下に激減してしまった。

このような憂き目に遭ったのはデヴォンシャ公爵家だけではなかった。第二章でも紹介したが（七三頁）、一九世紀後半にイギリスで最大の領主だったサザーランド公爵(Duke of Sutherland)も、やはり相続税のあおりを受けて所領が激減した。それまでは一三〇万エーカーという空前の規模を誇った公爵家の土地は一〇分の一にまで減り、第二次大戦後には一三万八〇〇〇エーカーとなってしまった。現代の日本との比較でいえば、千葉県より大きかった土地が、神戸市より若干大きい程度にまで縮んでしまったのだ。それでもわれわれの感覚からすれば充分に大きいようにも思えるが。

これまた第二章に登場した、ウェールズのカーディフで「お殿様」のように振る舞い、港湾や実業と地代収入からあがる莫大な富を、地元の人々への慈善活動に惜しみなく費やしていたビュート侯爵（Marquess of Bute）にしても、ついにカーディフに所有していた土地のすべてを売却せざるを得ない状況にまで追い込まれてしまったのである。

もちろん、すべての地主貴族が没落したわけではない。本書の「はじめに」でもおなじみのウェストミンスタ公爵家（Duke of Westminster）や、第二章にも登場したバドミントンの発祥に関わるボーフォート公爵家（Duke of Beaufort）などは、巧みな所領経営によりむしろ大戦後に所有地を増やしたぐらいであった。

ただし、これらは例外中の例外であり、大半の地主貴族はその所領を大幅に減らしたのが現状であった。より大きな視野から見れば、一八八〇年から一九七六年までというおよそ一世紀のあいだで、貴族たちが所有していた土地は、イングランドとウェールズで七六％、スコットランドで六九％も減少してしまったのである。一九五六年までに、爵位貴族のうちで地方に所領を持つものはなんと三分の一にまで落ち込んでいたのだ。「はじめに」でも少し言及した、イギリスの人気テレビドラマ『ダウントン・アビー』に登場するような、巨大な屋敷を備えた、広大な敷地に住む貴族そのものが、もはや夢のまた夢となってしまった。『ダウントン・アビー』でも描かれていたような、一九二〇～三〇年代初頭においてはイギリスにも巨大な屋敷で働く使用人は全国に一三〇万人以上はいたのが、第二次世界大戦後にそれは二五万人（一九五一年）、さらに一〇万人（六一年）へと急激に減り続けていったのである。

貴族院の衰退

そして二〇世紀に力を減退させたのが、その爵位貴族からなる貴族院という議院だった。すでに本章で紹介した「人民予算」をめぐる議会内の衝突でも明らかなように、貴族たちの力は議会政治の面でも衰えを見せるようになっていたのである。それを決定づけたのが、人民予算問題に端を発する「議会法」をめぐる与野党の対立であった。

一九一〇年に人民予算が成立すると、自由党政権の次なる目標は、貴族院の権限を縮減する法案を成立させる方向へと向かっていく。すでに解説したとおり、近代以降、貴族院が庶民院を通過した財政に関わる法案を葬り去ったのはこれが初めてであった。二〇世紀にもなって、それは明らかに時代錯誤の行為であると自由党政権は考えた。ここに貴族院の権限を大幅に縮小する議会法案が提出され、人民予算をめぐる攻防と同様に、与党自由党（庶民院）と野党保守党（貴族院）の対立が表面化していく。

当時の貴族院は四八〇名ほどの議員からなり、その大半は保守党に属していた。そこで自由党政権は、議会法の成立に賛成してくれる与党寄りの有力者を大量に貴族に叙して、法案を強引に通過させる構えを見せたのである。

実はこの手法は、これより八〇年ほど前の一八三二年に、第一次選挙法改正の成立を阻む野党トーリ（のちの保守党）の牙城である貴族院で法案を通そうと、グレイ伯爵（第三章に登場した「アールグレイ」の名称の由来となった人物）率いるホイッグ（のちの自由党）主体の連立政権が採ったものと同じであった。このときグレイ首相は国王に、法案を通すために五〇人ほどの改革派の議員をあらたに貴族に叙してほしいと要請していた。「貴族の大量叙爵」など、王権を脅かすだけではなく、貴族のインフレを引き起こし、これまでイギリスの政治や文化などを支配してきた爵位貴族の尊厳を大いに傷つけてしまう。結局、トーリ（その貴族院指導者がナポレオン戦争の英雄ウェリントン公爵であった）が折れて、法案は貴族院を通過し、第一次選挙法改正も実現することとなったのである。

一九一〇年の場合には、新規の叙爵は五〇人などでは到底足りない。なんとこのとき、自由党政権が想定していた新たな叙爵は五〇〇人にも及んでいたのだ。

将来的に父親の爵位を受け継ぐ予定という貴族の嫡男はもとより、海陸軍人、高級官僚、実業家などに、政府は次々と叙爵の可能性を打診していった。なかには自由党寄りの改革派の文化人も多数含まれていた。

聖歌『イェルサレム』などで有名な作曲家のサー・チャールズ・パリー。『ダーバヴィル家のテス』『日陰者ジュード』で知られる文壇の大御所で小説家・詩人のトマス・

ハーディ。『ピーターパン』で一世を風靡した劇作家のジェームズ・バリー。哲学者のバートランド・ラッセル、歴史家のサー・ジョージ・トレヴェリアン。さらにはイギリスを代表する化学者で金属バナジウムを開発したサー・ヘンリ・ロスコー。そしてボーイ・スカウトやガール・スカウトの生みの親であるサー・ロバート・ベイデン＝パウエルなど、その人選は多岐に及んでいた。

ここまで具体的なリストを出されてしまっては、さすがの保守党側も引き下がらざるをえなかった。八〇年前と同様、今回も貴族院（保守党）が譲歩を示し、ここに「議会法」は成立する。これにより、①予算案や課税など金銭に関わる法案は、貴族院で否決されたとしても、庶民院を通過すれば成立する、②金銭以外に関する法案については、貴族院で否決されたとしても、庶民院を三会期連続して通過すれば成立することが決まった。

こうして一九一一年に成立した議会法により、貴族院の権限は大幅に縮減されてしまうこととなった。

さらに追い打ちをかけたのが労働党の躍進である。第一次世界大戦のさなかに、自由党は二派に分裂し、戦後もそれはしばらく修復できなかった。この間に、労働者階級の大半が選挙権を獲得し、自由党に代わって、労働党が二大政党の一翼を担う存在となっていた。それが一九二四年一月の労働党による初の単独政権樹立へとつながった。

イギリス議会政治には、日本とは異なる制度が存在する。イギリスでは、貴族院で発言できるのは貴族院議員のみ、庶民院で発言できるのは庶民院議員のみである。このため、首相や閣僚が貴族院に在籍する場合には、庶民院にも指導者（首相代行）が置かれ、また政務次官が大臣の代行を果たしている。もちろん逆のケースもしかりである。

自由党は、もともとが大貴族が主体となっていたホイッグが構成員の大半を占めていたため、貴族院にも有力者は大勢いた。しかし、二〇世紀になって労働者階級自らが結成した労働党には、元来「貴族」出身などという党員はほとんどいない。このため一九二四年に政権を樹立するにあたり、急ごしらえで労働党の貴族院議員も叙爵されたのである。

しかし、いまや首相（党首）は庶民院議員が務めるのが慣例として定着し、労働党政権ともなればなおさらのことである。相対する保守党の側でも、議会内で党首同士の論戦をおこなう際に、庶民院に党首がいないとまずいことになる。この結果、一九二三年と四〇年という二度にわたり、保守党政権の首相が突如辞任せざるをえない状況になったとき、党幹部の話し合いの結果、いずれも庶民院議員の候補が選ばれ、貴族院議員の候補は退けられることになった。特に後者の一九四〇年（第二次世界大戦のさなか）に選ばれたのが、庶民院議員のウィンストン・チャーチルであった。

この結果、すでに第二章でも論じたとおり（五九頁）、一九〇二年に引退した第三代ソールズベリ侯爵を最後に、貴族院に籍を置く首相はイギリスから姿を消すことになった。

貴族院の起死回生——一代貴族と一代庶民の登場

このように第一次世界大戦前夜の諸改革により、イギリス議会における貴族院の影響力は大きく後退してしまった。こうしたときに貴族院を自浄作用的に改革していこうとしたのが、第三章でも紹介した歴代のソールズベリ侯爵だったのである。

しかし貴族院改革に決定打を与えたのは、なんといっても一九五八年の「一代貴族法(Life Peerages Act)」だった。

貴族院が国民からも槍玉《やりだま》に挙げられるのは、あまりに「同族体質」が染みこんでいるからではないか。一九世紀にはそのほとんどは地主貴族階級《ジェントルマン》であり、二〇世紀に入ってからはその比率はだいぶ減少したものの、それ以外も専門職《プロフェッション》階級や実業家出身者で固められていたのが現状であった。

そこで、もっと幅広い活動分野から有能な人材を取り込んで、貴族院を活性化させるのもひとつの手であろう。一九世紀にも何度か提案が出されては、そのたび挫折に終わっていた「一代貴族（Life Peer）」を創設してみてはどうか。これがハロルド・マクミラン率いる保守党政権時に実現することとなった。ただし一代に限り叙せられるのは男爵のみである。貴族の尊厳を保つため、子爵以上の爵位は一代貴族の対象とはされていない。

栄えある最初の「一代男爵（Life Baron）」に叙せられたのは一四人の紳士淑女であったが、このうち六人は庶民院議員として活躍した政治家たちだった。これ以降、大学教員や研究者、地方自治体の首長経験者や社会福祉《ソーシャル》ワーカー、労働組合員、環境保護団体の運動家、医療従事者といったさまざまな背景をもつ人材が貴族院に集まってきた。

なかには世界的に有名な芸術家たちも含まれていた。イギリスを代表するシェイクスピア演劇の重鎮であり、映画界でも活躍した俳優のローレンス・オリヴィエ（一九七〇年にBaron Olivier of Brightonに）。『戦争レクイエム』や『青少年のための管弦楽入門』

など で二〇世紀のイギリス音楽界を牽引した作曲家のベンジャミン・ブリテン（一九七六年にBaron Britten of Aldeburghに）。世界的なヴァイオリニストのユーディ・メニューイン（一九九三年にBaron Menuhin of Stoke d'Abernonに）。『ガンジー』や『コーラスライン』などの監督としても有名な映画俳優のリチャード・アッテンボロー（一九九三年にBaron Attenborough of Richmond upon Thamesに）。そして『キャッツ』『オペラ座の怪人』といったミュージカルの世界に偉大な足跡を残した作曲家のアンドリュー・ロイド＝ウェーバー（一九九七年にBaron Lloyd-Webber of Sydmontonに）といった具合に、多くの芸術家も一代男爵として貴族院に入り、芸術振興について提言をしている。

また、歴代の首相や主要閣僚経験者も、近年では世襲貴族ではなく一代貴族に叙せられるのが慣例となりつつある。特にこれは労働党出身の政治家には気兼ねなく受け入れられる名誉となっているようだ。戦後の社会福祉国家建設に尽力したクレメント・アトリーは、一九五五年に伯爵（Earl Attlee）に叙せられたが、労働党政権の首相で世襲貴族になったのは彼が最後で、そのあとのハロルド・ウィルソン（一九八三年叙爵）にしても、ジム・キャラハン（一九八七年叙爵）にしても、いずれも一代男爵となっている。

さらに保守党の側でも、ハロルド・マクミラン（一九八四年にストックトン伯爵：Earl of

Stockton）を最後に、首相経験者が世襲貴族に叙せられる事例は今のところは見られていない。ちなみにストックトン伯爵は、王族（エリザベス女王の三男エドワードがウェセックス伯に）以外では、現在のところ最後に叙せられた伯爵位となっている。

二〇世紀で最長の一一年半にもわたり首相を務めたマーガレット・サッチャーも、一九九二年に一代男爵（Baroness Thatcher of Kesteven）に叙せられている。彼女の場合には、長男（マーク）がスキャンダルまみれの問題児であり、世襲貴族に叙せられると彼が継承せざるをえなくなることから、世襲の栄誉は諦めたともいわれている。

なお、サッチャーの場合には、彼女の首相としての一一年半を「内助の功」で支えた、夫のデニスが准男爵に叙せられ、二〇〇三年に彼が亡くなり、長男マークは二代目の准男爵として「サー・」マーク・サッチャーとなっている。

「内助の功」といえば、イギリスをあらゆる分野から支えた功労者の未亡人に一代男爵が与えられる事例がある。第二次世界大戦の英雄サー・ウィンストン・チャーチルが一九六五年一月に亡くなると、彼の愛妻クレメンタインがわずか四カ月後に「スペンサ＝チャーチル男爵（Baroness Spencer-Churchill of Chartwell）」に叙せられている。

こうして各界の功労者が一代貴族として貴族院に入ることで、貴族院の活動は見違えるほどに活性化された。一九五〇年代初頭と二〇〇〇年代とを比べてみれば一目瞭然である。年間審議数（一〇〇→一四六）、一日の出席議員の平均値（八六人→四一一人）、年間の審議時間の総数（二九五時間→九八〇時間）、平均の審議時間（二・五七時間→六・四二時間）といった具合に、いずれも一・五倍から五倍近くに増えているのである。

また、一代貴族法が成立した五年後、一九六三年には今度は「一代庶民（Life Commoner）」を創設する新たな法律が制定された。

一九世紀の終わりごろから、ヨーロッパ各国では社会主義や共産主義の思想が広まり、それは貴族の家にも浸透することがあった。すなわち、自分は身分制度や階級制度には大反対であるにもかかわらず、たまたま貴族の家の嫡男に生まれてしまったので、いやいや爵位を継承しなければならないという事例である。

第二次世界大戦後のイギリス政界でエネルギー担当相や産業相として活躍したアンソニ・ウェッジウッド・ベン（通称「トニー・ベン」）もそのようなひとりであった。彼の父も政治家で、労働党政権でインド相などを務め、その功績もあり一九四二年にはスタンスゲイト子爵（Viscount Stansgate）に叙せられていた。トニーには兄がおり、父の没後には兄が爵位を継ぐはずであった。ところが兄は一九四四年に戦死してしまい、トニーが継がなければならなくなった。一九五〇年から労働党の庶民院議員として活躍していたトニーは、一九六〇年に父が逝去すると、第二代スタンスゲイト子爵を継承する。しかしトニーはあくまでも貴族院への登院を拒否し、庶民院議員選挙にも出馬を続け、しかも圧倒的大差で当選してしまうのである。こうした背景もあり、一九六三年に新たな「貴族法（Peerage Act）」が制定され、先代の貴族が亡くなってから一二カ月以内に届け出た場合には、世襲の爵位は一代に限り放棄できることとなったのである。トニーは子爵位を放棄し、二〇〇一年に議員生活を引退するまで庶民院で活躍を続けた。二〇一四年にトニーが亡くなると、長男スティーヴンが第三代子爵として爵位を継承した。

この一代に限って爵位を放棄できるという法律が、同じく一九六三年に生じた保守党における政権交代劇に大きな影響を与えることになるとは、当初は誰もが予想だにしていなかった。この点は、第五章で詳しく論じていきたい。

また、この一九六三年の貴族法では、それまで貴族社会で否定されてきた「女性による貴族院議員資格の継承」が認められるとともに、一七〇七年（合邦）以来連綿と続いてきた「スコットランド代表貴族」制度（イングランド貴族は自動的に貴族院議員になれたが、スコットランド貴族は庶民院の総選挙のたびごとに互選で一六名を貴族院議員に選出していた）が廃止され、イギリス貴族の世界はより柔軟性を増していく。

世襲貴族院議員の激減と今後の貴族社会

「表4-1」からもおわかりのとおり、一九五八年に一代貴族が創設されてから、歴代政権の手によりこれまで一五四六人もの一代男爵が叙せられてきた。一九一一年の議会法制定以来、その勢力が減退しているとはいえ、貴族院はイギリス議会の一角を担う歴《れっき》とした議院のひとつである。このため、もともと保守党系の議員が多い貴族院に、労働党系の議員らを多数送り込もうと、ウィルソンやブレアなど労働党政権の時代に数多くの一代男爵たちが政府により叙せられていることがこの表からも明らかとなろう。

殊にトニー・ブレアの場合には、貴族院における保守党の勢力をさらに削いでいこうと画策していく。一九九七年五月の総選挙で労働党に地滑り的な大勝利をもたらしたブレア政権は、庶民院では六三・六％（四一九議席）を占める盤石たる態勢を築いてはいたが、貴族院では依然として弱小であった。当時の貴族院における保守党の議員占有率は四一％にも及び、労働党（一五％）を大きく引き離していたのである。

その保守党議員の多くが世襲貴族であった。一九九八年末の時点で、イングランド国

「表4－1」
イギリス歴代政府による一代男爵の授爵

政権・政党	年　次	叙爵総数	1年あたりの平均
マクミラン(保守党)	1958～1963	46	9.2
ヒューム（保守党）	1963～1964	16	16.0
ウィルソン（労働党）	1964～1970	122	20.3
ヒース（保守党）	1970～1974	58	14.5
ウィルソン（労働党）	1974～1976	80	40.0
キャラハン（労働党）	1976～1979	58	19.3
サッチャー（保守党）	1979～1990	201	18.2
メージャー（保守党）	1990～1997	160	26.7
ブレア（労働党）	1997～2007	357	35.7
ブラウン（労働党）	2007～2010	34	11.3
キャメロン（保守党）	2010～2016	243	40.5
メイ（保守党）	2016～2019	43	14.3
ジョンソン（保守党）	2019～2022	87	29.0
トラス（保守党）	2022(9～10月)	30	(30)
スナク（保守党）	2022～	11	11.0
総計		1546	23.6

＊マクミラン政権は1957年1月から続いていたが、上記の数字は一代貴族制度が導入された1958年8月からの数字である。

教会の高位聖職者と法曹貴族に加え、世襲貴族は七五九名（全議席の五八・五％）であり、一代貴族は四八四名（全議席の三七・三％）となっていた。

そこでブレア政権は、世襲貴族の議席をすべて剝奪し、貴族院を残りの貴族によってのみ構成するという法案を作り始めていく。これには野党保守党も猛反発した。第三章でも紹介したとおり（一一四頁）、ここでブレア政権の「暴走」を阻止したのが、のちの第七代のソールズベリ侯爵であった。与野党の最終的な妥協策の結果、一九九九年の法律により、世襲の貴族は互選で九〇名を選び、彼らは終身の議員となることに決まった。こののちは議員の死去などにより、欠員が出ればまた互選で新しい議員が選出される。

この結果、一〇年に及んだブレア労働党政権が終焉を迎えた二〇〇七年までには、貴族院議員の総数七五〇名のうち、世襲貴族は一二・三％にまで激減し、一代貴族が八〇・八％と圧倒的な多数を占めることになった。しかもブレア政権が労働党系の新貴族を増やしたため、党派別構成でも労働党（二八・六％）が首位に立ち、保守党（二七・六％）、自由民主党（一〇・四％）、無党派（二八・二％）のいずれよりも多くなっていた。

ただしソールズベリ侯をはじめとする保守党側もしたたかであった。一九九九年に世襲貴族の大半が議席を失う直前、保守党系を中心とする一〇人の世襲貴族が一代男爵に叙せられたのである。彼らは一代貴族の資格で、こののちも貴族院の審議に出席することとなった。なかにはエリザベス女王の妹マーガレット王女の元夫であるスノードン伯爵（Earl of Snowdon：一代貴族としてはBaron Armstrong-Jones）の名前も見られた。改革阻止派の急先鋒であったソールズベリ侯爵自身も、一代限りの「ガスコイン＝セシル男爵（Baron Gascoyne-Cecil）」として貴族院議員にとどまり続けている。

また、保守党がデイヴィッド・キャメロンのもとで政権を奪還し（二〇一〇～一六年）、この間に二四三人もの一代男爵が叙せられている。その大半が保守党系であり、これ以降、現在（二〇二三年一二月）にいたるまで保守党が政権を維持していることもあって、いまや貴族院での勢力図は再び保守党に有利に展開することとなった。

二〇二三年現在、貴族院には七七七人の議員がおり、保守党は二六九人（全議席の三四・六％）、労働党は一七二人（同二二・一％）、無党派が一七九人（同二三％）という数字になっている。

また、女性の貴族院議員もいまや二〇％を占めるようになってきている。一九五八年の一代貴族法制定以前までは皆無だった時代とは隔世の感があろう。

二一世紀になってからも、貴族院ではさまざまな改革の試みが続けられており、世界で唯一となった貴族院は、今後も時代の変化に則して生き残り続けていくのかもしれない。

また、本章でのこれまでの解説からも、一九世紀まではイギリスの政治、経済、社会、文化とあらゆる場面で大きな影響力を示した貴族たちが、二一世紀までにその多くが衰弱してしまったことは事実である。しかし彼ら貴族たちは、相変わらずご先祖代々の所領に生活している場合には、それぞれの地方の名士としてさまざまな団体のパトロン（後援者）を務めているケースが多い。それは地方ごとに見られる各大学の総長（名誉職）や、農業、園芸、絶滅危惧種の動植物の保護、環境保全、史跡保全、地方の歴史協会、各種社会福祉、青少年の育成、医療関係などの名誉総裁や名誉会長職にいまだに貴族らが就任している事例からも明らかである。

イギリス社会における頂点はもちろん王室にあるが、その周辺をしっかりと固め、君主を筆頭とする王族の公務を脇から支えているのが、彼ら貴族の末裔たちなのである。すでに第二章でも触れたとおり、ヴィクトリア女王の時代から王室が関わる各種慈善団体の数はうなぎ登りとなっているが、それを副会長や副総裁、理事や管財人として支える主力を担っているのが、相も変わらず貴族たちなのだ。

それでは、第二次世界大戦後に新たに設けられた、一代貴族や一代庶民、さらには女性貴族の代表的な人物たちについて、次章で紹介しておきたい。

コラムⅣ　カントリー・ハウスの現在

本書でも随所で触れている貴族の屋敷は、地方に有する広大な所領に建っていることから「カントリー・ハウス」と呼ばれる。これに対し、貴族が議会に出席するためロンドンに建てた屋敷は「タウン・ハウス」と呼ばれている。しかし本章でも記したとおり（一四八頁）、貴族院の権限が弱まり、莫大な相続税を支払わなければならなくなった影響もあり、二〇世紀半ばまでにはロンドンの主要なタウン・ハウスは姿を消していく。

その余波はもちろんカントリー・ハウスにも及んだ。かつての大貴族たちの屋敷は維持できなくなり、取り壊されたり、新興の富裕階級に買い取られたりする事例があとを絶たない。こうした状況に歯止めをかけてくれる存在が「ナショナル・トラスト」である。

一八九五年に創設され、イギリスの美しい景勝地や歴史的建造物を絶やさないため、カントリー・ハウスの保護に取り組んでいる。屋敷の当主は、巨大な建物の大半は有料の一般公開や催しへの貸し出しなどに利用し、自身はかつての番小屋にひっそりと暮らしていることが多い。それでもご先祖から受け継いだ屋敷を維持できるだけでも有り難いのである。

かのウィンストン・チャーチルの生家としても有名なマールブラ公爵家のブレナム・パレス（敷地面積が東京の台東区より大きい）もやはりナショナル・トラストに委託され、一般公開やスターの結婚式、ファッションショーへの貸し出しで糊口をしのいでいる。

第三章に登場したアスター子爵家が誇るクリヴデン・ハウス（一一三頁）も、いまではナショナル・トラストの管理の下で高級ホテルとして活用されている。読者のみなさまもこの本を片手に、ナンシーとチャーチルが激論を交わし、チャップリンがゆったりくつろいだクリヴデンに宿泊されてみるのも一興かもしれない。

第五章　二〇世紀のイギリス貴族たち

第四章では、二〇世紀になってから新たな制度が導入され、イギリス貴族にさらなる柔軟性が生まれていったことを後半で見ておいた。本章では、一代貴族、一代庶民（一代限りの爵位放棄）、そして女性の世襲貴族の登場という順で、代表的な人物たちを紹介していきたい。

⚜ヒューム・オブ・ハーセル（一代）男爵⚜

一九七四年一二月、ひとりの老紳士が一代男爵（Life Baron）に叙せられた。新しい爵位は「ヒューム・オブ・ハーセル男爵（Baron Home of the Hirsel）」。一九五八年に一代に限って男爵位を与えられる制度が導入され、政財界の大物だけではなく、芸術や社会福祉などで功績のあった人々が、この資格で貴族院入りする機会が増えていった。しかしこのヒューム卿は、これより一一年前の一九六三年まで一二年間にわたり貴族院に議席を持ち、活発な政治活動を続けてきた由緒ある世襲貴族（Hereditary Peer）だったのだ。いったい何があったのだろうか。

ヒューム一族の系譜

ヒューム一族の開祖はスコットランド東南部に所領を有したヒューム男爵（Lord Home）にさかのぼる。五代男爵アレクサンダー（一五二五〜一五七五）はスコットランド東南部の国境を警護する役割を王から任じられ、度重なるイングランドからの侵攻に対抗した。しかしフランス王家に嫁いでいた女王メアリ（ステュアート）が帰国し、国内はカトリック（女王）派とプロテスタント派の貴族のあいだで内乱に陥り、ついにメアリは廃位され、プロテスタント側の勝利のうちに、まだ一歳のジェームズ六世が国王に即いた。

ヒューム男爵は当初、メアリ追い落としに加担していたが、実は熱心なカトリック教徒だった。その後突然、メアリ派に寝返り、所領は没収されてしまう。男爵が急死したため、わずか九歳であとを継いだ長男アレクサンダー（一五六六～一六一九）は、議会の許しを得て、爵位も土地財産もすべて回復した。さらに六代男爵はまだ一五歳にすぎなかったのに議会に出席し、亡父と同じくスコットランド東部国境の警備にあたり、その実績によりやがてジェームズ六世に取り立てられていく。

特に六代男爵が才能を発揮したのが外交だった。弱小国スコットランドが生き残るには、南のイングランドはもとより、大陸のフランスとも仲良くしておかなければならない。フランス国王アンリ四世、イングランド女王エリザベス一世の許にも派遣されたヒュームは、両者からも絶大な信頼を寄せられるようになる。こうした功績からイングランド国王も兼ねるようになっていたジェームズから、彼はヒューム伯爵（Earl of Home）に叙せられた。

スコットランドとイングランドの狭間で

しかし新生のヒューム伯爵家もまた時代の流れに翻弄されていく。伯爵位は初代の従弟の家に引き継がれ、第三代伯爵ジェームズ（一六一五～一六六六）は、国王チャールズ一世がスコットランドにイングランド国教会の教義や制度を押しつけるのに反発し、ついに反乱の中心人物となっていく。

それはそのまま清教徒《ピューリタン》革命とも関わるイングランド・スコットランド・アイルランド間の「三王国戦争」へと発展した。かつては憎い敵であったチャールズとはいえ王である。その彼がスコットランド側に何の相談もなくイングランドで処刑されるや、スコットランドとイングランド（共和政政府）のあいだで新たなる戦争が始まった。

もっとも、相手は国王軍を打ち破ったオリヴァ・クロムウェル率いる最強の軍隊である。ヒューム城は占拠され、伯爵の所領もすべて没収されてしまった（一六五〇〜五一年）。その後、王政が復古し（一六六〇年）、伯爵家の土地財産もすべて返された。

一八世紀になりハノーヴァー王朝が始まると、スコットランドは再び闘争の舞台となる。名誉革命（一六八八〜八九年）で追い出されたジェームズ二世親子を慕う「ジャコバイト（ジェームズ派）」と呼ばれる一派が、たびたび反乱を起こすのである。第八代伯爵ウィリアム（一六八一頃〜一七六一）は、一七四一年にスコットランド代表貴族としてウエストミンスタの貴族院に亡くなるまで議席を有したが、このジャコバイトの反乱鎮圧にもひと役買った。

こうした功績も認められ、一七五七年にはイベリア半島最南端にあるジブラルタル

（一七一三年からイギリス領）の総督として赴任し、四年後に同地で没している。

政界入りした第一四代

ヒューム伯爵家に政治的な「傑物」が登場するのは二〇世紀になってからのことだった。第一四代ヒューム伯爵のアレクサンダー（一九〇三～一九九五）である。

父の一三代伯（一八七三～一九五一）は政治には興味がなく、もっぱら所領経営と近隣の人々のための慈善活動に精を出していた。おかげで父は一〇万エーカー以上にも及ぶ所領を巧みに経営し、スコットランドでも二五番目の大地主になりおおせていた。しかしアレクサンダーは父の希望に反して政界入りする。

由緒ある貴族の出自とはいえ、簡単に議員になれたわけではない。彼が庶民院議員に立候補した一九二〇年代後半のスコットランドは、労働党が強力な地盤を築いていた。保守党から出た彼は一九二九年の総選挙で落選し、三一年にようやく当選を果たすこととなった。

一九三七年からヒュームはネヴィル・チェンバレン首相の議会側私設秘書官に就く。三八年には首相に随行して、チェコスロバキアのズデーテン地方領有問題を話し合うための英仏独伊四カ国首脳によるミュンヘン会談にも出席している。

しかしチェンバレンの宥和政策は破綻し、その翌年に第二次世界大戦（一九三九～四五年）が勃発する。大戦の前半期に体調を崩したヒュームは、一九四五年に外務政務次官に抜擢されたが、その直後の総選挙では保守党が惨敗し、彼自身も落選の憂き目を見る。戦後の一九五〇年総選挙で復活したものの、その翌五一年七月に父が亡くなり、伯爵位を継承して貴族院へと移籍した。

爵位を放棄して首相に就任

こののち有能なヒュームは、コモンウェルス担当相（一九五五年）、そして外務大臣（六〇年）に取り立てられ、その冷静沈着な外交姿勢が高く評価された。特にアメリカとソ連が対峙したキューバ危機（一九六二年）では、「ケネディを落ち着かせる役目を果たしていたマクミラン首相を落ち着かせる」のがヒュームの役割だったと言われるほどだった。こうした態度が、一九六三年一〇月にハロルド・マクミランが突然辞意を表明し、彼自身がエリザベス女王に後任として「ヒューム卿」を推挙させる大きな要因となっていたのかもしれない。

ところがヒュームの首相就任には大きな障害があった。彼が貴族院議員だったことである。第四章でも述べたとおり（一五四頁）、二〇世紀半ば以降、もはや貴族院から首相は輩出されない状況となっていた。しかし偶然にも同じ一九六三年に制定された「貴族法」により、世襲貴族は一代に限って爵位を放棄できるようになっていた。ヒュームはすぐに第一四代伯爵位を放棄し、「サー・アレック・ダグラス＝ヒューム」の名前でスコットランド中部の選挙区から補欠選挙で立候補し、見事に当選を果たすのである。こうして庶民院に所属する首相として政権を率いることになった。

晩年には開高健と鮭釣りに

ところが翌一九六四年の総選挙で保守党は惜敗し、労働党に政権を譲ることとなる。ヒュームは責任をとって辞意を表明し、六五年から導入された保守党党首選挙で若きエドワード・ヒースが当選する。一九七〇年からそのヒース政権で外相を務めたヒュームは、首相と二人三脚でＥＣ（ヨーロッパ共同体）への加盟を実現していく。そして政権が労働党へと交代した直後に、冒頭にも記したとおり、ヒュームは一代男爵に叙せられて再び貴族院へと戻った。

かつて首相になったとき、労働党党首ハロルド・ウィルソンから「世襲貴族の首相など時代遅れ」と揶揄され、「私のことを一四代伯爵と批判されるが、ウィルソンさん、あなただって一四代目のウィルソン氏ではないですか」と切り返し、この百戦錬磨の反対党党首をぎゃふんと言わせている。名家の出身らしく権力にも淡々としていたヒュームは釣りも好み、晩年には日本のテレビ番組で作家の開高健を誘って、スコットランドの川で鮭釣りを楽しんだ。九二歳で大往生を遂げると、一五代伯爵位は長子デイヴィッドが受け継いだ。

⚜オルトリンガム男爵家⚜

一九五七年八月六日の夕方。『グラナダ・テレビ（現在のITV）』でのインタビューを終えて帰宅しようとする青年貴族の前に、いきなり老人が立ちはだかった。すると老人は青年の横っ面を張り倒したのだ。すぐに老人は近くにいた警察官に取り押さえられ、事態はそれ以上発展するようなことはなかった。男は六四歳で極右団体「帝国愛国者連盟」のメンバー。そして彼に張り倒された青年は、オルトリンガム男爵（Baron Altrincham）ジョン・グリッグ（一九二四～二〇〇一）であった。なぜイギリスの貴族が右翼団体の老人から暴行を受けなければならなかったのか。

皇太子や首相の知遇を得た父エドワード

オルトリンガム男爵位は、殴られたジョンの父エドワード（一八七九～一九五五）が叙せられたものだった。インド高等文官の一人息子としてマドラスで生まれた彼は、帰国後に名門ウィンチェスタ校からオクスフォード大学に進み、ジャーナリズムの世界に入る。いくつかの新聞で植民地関係の記事を扱うが、第三章に登場したアスター家とゆかりの深い編集者ジェームズ・ガーヴィンの下で補佐役を務めたこともあった。

第一次世界大戦（一九一四～一八年）の勃発とともに近衛歩兵第一連隊に入り、フランスで従軍したが、このとき別の隊を率いていたのがウィンストン・チャーチル中佐だった。元海相のチャーチルがのちに「戦車《タンク》」をこの戦場で考案したことは、拙著『悪党たちの大英帝国』（新潮選書）第七章をご覧いただきたい。

エドワード自身も終戦までには中佐に昇進し、戦功十字章や殊勲章などを授与されている。この連隊内で知り合った人物が、皇太子でのちの国王エドワード八世だった。戦後は皇太子に随行して、カナダ（一九一九年）とオセアニア（二〇年）を廻る。

帰国後はときの首相デイヴィッド・ロイド＝ジョージの私設秘書官に就き、一九二二年の総選挙で自由党の庶民院議員に当選した。翌二三年に保守党の大物政治家イズリントン男爵の一人娘ジョーンと結婚し、二人は二男一女を授かることとなる。

ケニア総督や陸軍政務次官を経て男爵に

その二人の運命を変えたのが、結婚から二年後の一九二五年のことだった。エドワードがケニア総督に任命されたのである。新聞記者の時代から「植民地問題の専門家」とされた彼の実力を発揮できる舞台となった。

グリッグ総督は、現地人に対して威圧的にはならず、彼らが充分に教育を受け、様々な経験を積まない限り、独立や自治権は難しいとの考えを強めるようになっていた。一九二八年に彼はセント・マイケル・アンド・セント・ジョージ勲章の勲二等に叙せられ、「サー・エドワード・グリッグ」となる。

一方、妻のジョーンのほうは、元々父の下で様々な福祉活動に関わっていたが、ケニアでは貧しい人々や女性、子供たちのための活動に邁進した。特に看護師の育成、産婦人科医の充実を目的に「レディ・グリッグ福祉連盟」が設立され、それはアフリカ大陸でも最大級の福祉団体へと成長していく。

こうした活動がイギリス本国政府の目にとまり、グリッグはインド総督への就任を打診されるが、夫妻ともに身体がそれほど強くはなくなっていたことを理由に辞退した。帰国したグリッグは保守党に鞍替えして、マンチェスタ市の一角を占めるオルトリンガムの選挙区から出馬し、庶民院議員に返り咲いた。第二次世界大戦（一九三九～四五年）が始まると、一九四〇年からは陸軍政務次官となり、終戦の年に「オルトリンガム男爵」に叙せられた。戦後は政界からは離れ、『ナショナル・レヴュー』誌を買収して、自ら編集にもあたる。そして長い闘病生活ののちに一九五五年に七六年の生涯に幕を閉じるのである。

政治評論家となったジョン

父の死により第二代オルトリンガム男爵となったのが長男ジョンであった。イートン校から、父がかつて所属した近衛歩兵第一連隊に入り、第二次大戦中は国内の警備にあたり、戦後はオクスフォード大学へと進んだ。卒業後は、父が経営する『ナショナル・レヴュー』に編集者として入り、様々な論稿を発表した。この間、庶民院議員選挙に二度立候補するがいずれも落選し、父のような議員活動はできなかった。

そのような矢先に父が亡くなり、貴族院議員になる資格ができた。ところがジョンは、世襲貴族制度には反対で、貴族院の登院も再三拒否し、一度として議場に入ったことがなかったのである。そして父から受け継ぎ、名称も『ナショナル・アンド・イングリッシュ・レヴュー』に変更した雑誌に次々と政治評論を書いていった。

過激な女王批判で暴行を受ける

こうした論稿のひとつが一九五七年八月号に掲載された「今日《こんにち》の君主制（The Monarchy Today）」だった。

ジョン・グリッグによれば、第一次大戦を国民とともに戦い、あらゆる階級から支持を集めていたジョージ五世とは異なり、孫のエリザベス二世やマーガレット王女は社交界デビューを果たしたばかりのお嬢様気質が抜けていない。その理由は旧態依然とした上流階級の教育にどっぷりと浸かり、周囲を上流階級出身のものたちで固めているからだ。女王はもっと多種多様な背景を抱えた人々を助言者や友人として持つべきなのである。

さらにグリッグの鋭い舌鋒は、女王が公式の場でおこなうスピーチの話し方にまで及ぶ。ジョージ五世でさえスピーチの原稿は自身で書かず、ただ読み上げるだけだったかもしれないが、それでも彼自身の言葉として自然に話されていた感じがした。しかるに、現在の女王は違っている。彼女の話し方はまるで堅苦しくてうぬぼれ屋の女学生で、ホッケーチームのキャプテンか監督を務め、近々堅信式（キリスト教の典礼で洗礼のあとに自らの信仰をかためる儀式）を迎えるような輩のそれにすぎない。それゆえ彼女自身の独立した特色のある個性がまったく表れていない。

この論稿は発表と同時に大変な反響を呼んだ。当時のカンタベリ大主教（イングランド国教会最高位の聖職者）ジェフリー・フィッシャーはグリッグを痛烈に批判したが、女王秘書官補を務めるマーティン・チャータリスは密かにグリッグを呼んで助言を求めたほどだった。

そして論稿が評判を呼んだためにテレビ局に招かれて生出演したあとに……冒頭で紹介したとおり、帝国愛国者連盟のメンバーに横っ面を張り倒されたわけである。現行犯で逮捕された男はわずか二〇シリング（一ポンド）の罰金を支払うだけで済まされた。

爵位を放棄し、評伝作家として活躍

オルトリンガム男爵は、決して君主制を批判していたわけではない。むしろ君主制は時代に沿ったかたちで変わらなければ消滅してしまうとの警鐘を鳴らしたのである。事件から六年後の一九六三年、貴族法により一代に限って爵位を放棄できるようになり、トニー・ベンに続いてグリッグも「オルトリンガム男爵位」を彼一代だけ放棄した。爵位は彼の死後に弟のアンソニの家に引き継がれることになった。

政治家になることはできなかったグリッグだが文筆業は超一流だった。特に人物の評伝に定評があり、第三章にも登場した（一二五頁）ナンシー・アスターの伝記も彼が執筆している。しかし彼の名声を不動のものにしたのは、かつて父が仕えたロイド＝ジョージの全四巻に及ぶ評伝であろう。その第三巻（一九一〇年代前半を扱った）では優れた歴史書に与えられるウルフソン賞も受賞した。第四巻の最終章を書き終える前にグリッグは亡くなるが、それを仕上げたのはロイド＝ジョージ自身の曾孫《ひまご》にあたる歴史家のマーガレット・マクミランであった。

⚜マウントバッテン女性伯爵⚜

一九七九年八月二七日の朝。アイルランド北西の沿岸部にある小さな港マラグモアで、七人の家族連れが停泊していたボートに乗り込み、海へと出て行った。前の晩から罠を仕掛けておいたロブスターを獲りに行くためだった。午前一一時四五分頃、突然ボートが爆発した。乗員三人が即死し、一人は翌日亡くなった。同じく海に放り出された三人はけがを負ったものの、命に別状はなかった。

助かったうちの一人、それが事件の直後にマウントバッテン女性伯爵（Countess Mountbatten）となったパトリシアである。なぜ悲劇は起こったのか。

ドイツ出身のマウントバッテン家

彼女の祖父はドイツ人だった。祖父のルートヴィヒ・アレクサンダー・フォン・バッテンベルクは、ドイツの名門ヘッセン大公家の次男の家に生まれた。しかし父が身分違いの結婚（貴賤婚）によって継承権を剝奪され、哀れに思った大公妃アリスが従弟のルートヴィヒを自身の故国イギリスへ渡らせる。アリスはヴィクトリア女王の次女だったのだ。

イギリスに帰化し「ルイス」となった彼は海軍将校の道を歩んだ。そして一八八四年にはそのアリスの長女ヴィクトリアと結婚する。アリスは一八七八年に急逝し、以後彼女の娘たちはヴィクトリア女王が母親代わりに面倒を見ていた。ルイスの妻となったヴィクトリアもそういう背景で彼とイギリスで出会ったのだ。

第一次大戦で受けた屈辱

二人は二男二女に恵まれた。ルイス自身も海軍で順調に出世し、ついに一九一二年には制服組のトップである海軍第一卿（日本でいう海軍軍令部長）に就任する。ところが突然、家族を悲劇が襲うことになる。第一次世界大戦（一九一四〜一八年）でイギリスとドイツが戦うことになったのだ。このような時世にドイツ出身の軍令部長はよくない。開戦からわずか二カ月後にルイスは解任される。

また戦争の長期化で、イギリスでは「ドイツ憎し」の風潮がさらに強まった。王室自体もそれまでのドイツ系の家名を「ウィンザー家」に改めた。同様に、ドイツ系のバッテンベルクも「マウントバッテン」と英語名に替えられ、ルイスはイギリスの地名を冠した「ミルフォード＝ヘヴン侯爵」に叙せられた。

こうした一連の事態にルイスは衝撃を受け、失意のうちに一九二一年にこの世を去った。この父の屈辱を生涯忘れず、必ず父の汚名をすすいでやるとの野心に燃えたのが、末っ子のルイス（一九〇〇～一九七九）だった。彼自身も、それまでヘッセン大公家に敬意を表して「ルイス公（Prince Louis）」と呼ばれていたのが、一夜にして「ルイス卿（Lord Louis）」に格下げにされた屈辱を経験していた。

ちなみに、ルイスの年の離れた長姉アリスはギリシャ王家のアンドレアス王子と結婚した。二人のあいだの末っ子がのちにエリザベス女王と結婚するフィリップである。また次姉ルイーズも、スウェーデン国王グスタヴ六世アードルフと結婚し、王妃となった。

海軍司令官として日本に勝利

野心に燃えるルイスもまた父と同じく海軍将校の道を歩んだ。又従兄《またいとこ》の皇太子（のちのエドワード八世）に随行し、インドと日本を訪れたこともある（一九二一～二二年）。

その帰国直後に、ルイスはひとりの美しい女性と結婚する。エドウィナ・アシュリ。父方の先祖は一九世紀のイギリスを代表する外相で首相だったパーマストン子爵。母方の祖父はドイツから移住したユダヤ系の大富豪アーネスト・カッスル。

エドウィナはこの祖父が残してくれた二三〇万ポンドにも及ぶ巨額な遺産だけではなく、パーマストン子爵家から受け継いだアイルランドのクラッシーボーン城や、イングランド南部ハンプシャの屋敷ブロードランズも引き継いだ。やがてエドウィナから見て義理の甥にあたるフィリップとエリザベス（のちの女王）が一九四七年一一月に新婚旅行でこのブロードランズに泊まることとなる。

ドイツからまともな財産も持たずに来たマウントバッテン家にとって、エドウィナとの結婚は一生困らないだけの財産も与えてくれる幸運だった。やがてルイスも海軍で出世し、第二次世界大戦（一九三九～四五年）では東南アジア方面の最高司令官として日本に戦勝した。その功績で子爵に叙せられた後、一九四七年からは最後のインド総督となり、インドとパキスタンの分離独立を進めた。これにより同年には「ビルマのマウントバッテン伯爵（Earl Mountbatten of Burma）」へ陞爵《しょうしゃく》する。その年、甥のフィリップがエリザベス王女と結婚し、ルイスの野望はさらに拡がった。その後も海軍第一卿、統合幕僚本部長などを務め、一九六五年に海軍を引退した後も一七九の各種団体のパトロンを務め、王室にも影響をもった。

女性伯爵の誕生

妻のエドウィナも負けん気が強く、大戦中は赤十字活動や傷病兵への支援などで活躍し、インド総督夫人としても実力を発揮した。特にインド初代首相ジャワハルラール・ネルーとは「プラトニックな恋愛」で結ばれたともいわれている。しかし一九六〇年、北ボルネオ滞在中に突然死去し、遺体は故人の遺志によりポーツマス沖で水葬にされた。

そして一九七九年八月二七日という日を迎える。パーマストン子爵家からエドウィナが相続したアイルランド北西部のクラッシーボーン城は、マウントバッテン家が毎年訪れる避暑地だった。老伯爵はその数年前からアイルランド全島独立を掲げるテロ組織IRA（アイルランド共和軍）から暗殺予告を受けていたが、この年も避暑に出かけた。そして予告通りの結果となってしまったのである。

ボートに同乗した長女パトリシアと夫ブラボーン男爵、パトリシアの四男ティムは助かったが、老伯爵とブラボーンの母、ティムの双子の兄弟ニック、そして案内役の村の少年が亡くなった。パトリシアは海中で意識を失い、駆けつけた人に海から引き上げられて九死に一生を得たのである。

伯爵家にはパトリシアとパメラの二人の娘しかいなかったが、この当時にはすでに女性も爵位を継承できる制度がイギリスには整っていた。パトリシアがここに伯爵位を継承する。亡父が残した遺産はなんと二二〇万ポンドに近かった。祖父のルイスなど六五三三ポンドしか残せなかったのに。エドウィナとの結婚は一族にとって大きな意味を持っていたのだ。

「父の仇」との和解を喜んだ二代伯

ともに強烈な野心を備えていた両親から生まれた第二代伯爵（一九二四〜二〇一七）は、両親とは異なり、穏やかな性格に育っていた。父から溺愛され、それに母が嫉妬するようなこともあったぐらい、満ち足りた生活を送っていたようだ。一九歳のときに父のいる海軍の女性部隊に入隊し、信号係の下士官として従軍。終戦時には三等航海士の資格も得ていた。戦後すぐの一九四六年に父の副官だったブラボーン卿と結婚した。花嫁の付添人にはエリザベスとマーガレットの両王女もついてくれた。

二人は五男二女の子宝に恵まれた。特に次女のアマンダはチャールズ皇太子（チャールズ三世）とは幼なじみであり、野心家の祖父マウントバッテン伯爵が両者に結婚を勧めようとしていたこともある。しかし暗殺事件で立ち消えとなり、むしろ伯爵の暗殺を機会に皇太子が急速に恋仲を深めたのが、スペンサ伯爵家の令嬢ダイアナだった。

父の死後に伯爵家を継いだパトリシアは一九九九年まで貴族院議員も務め、父が残した各種団体の長も引き継いだ。二〇一二年六月に、その父や自分を爆弾で狙った元ＩＲＡ司令官で、その当時北アイルランド政府副首相を務めていたマーティン・マクギネスがエリザベス女王やエディンバラ公と握手をしたとき、報道で見ていたパトリシアは「平和をもたらしてくれることなら、いかなる行動にも賛成する」と女王を絶賛した。

その五年後にパトリシアは九三歳で大往生し、長男のノートン（一九四七〜）が第三代伯爵を継承している。「マウントバッテン」の名前は様々な意味でイギリスの歴史のなかに深く刻み込まれているのである。

コラムⅤ　貴族を描いた映画

二〇世紀半ば頃から、イギリス映画はハリウッドで制作される「本場」アメリカ映画とは若干異なる、独特の雰囲気を醸し出す作品を生み出してきた。特に、アメリカには存在しない「貴族」を描いた映画も数多い。

読者のみなさまにとっては、やはり近年の作品としては「はじめに」でも言及したが、人気を博したテレビシリーズに端を発する『ダウントン・アビー』が最もおなじみのものであろう。特に最初と最後に登場するあの巨大な邸宅は、名門貴族カーナヴォン伯爵家が現在も所有するハイクレア城を使用している。いまから一世紀ほど前に、エジプトでツタンカーメン王の陵墓を発見したカーター博士のスポンサーとなっていたのが第五代伯爵である。しかし当代もやはり時代の波にもまれ、屋敷を撮影用に貸し出し生計を立てている。

同じく貴族の屋敷に仕える使用人たちにも注目した名画が、カズオ・イシグロ原作の小説に基づく『日の名残り』（一九九三年）であろう。名優サー・アンソニ・ホプキンスが主人公を演じ、第三章に登場したアスター子爵を彷彿とさせるナチス・ドイツとの和解を模索するダーリントン伯爵に仕える様々な群像を描いた傑作といえよう。また、この作品を観ると、使用人のなかにも存在する上下関係や職掌の違いについても理解できる。

一九八一年度のアカデミー作品賞に輝いた『炎のランナー』では、パリ・オリンピックに実際に出場した第六代エクセタ侯爵（第三章のソールズベリ侯爵家と同門）をモデルにした貴族の御曹司が登場する。広大な屋敷の庭でハードル競技の練習をする姿は実に優雅であり、イギリス貴族の世界を華麗に巧みに描いたひとこまと言えよう。

これ以外にも『支配階級』（一九七二年）、『ゴスフォード・パーク』（二〇〇一年）など、ブラックユーモア溢れるイギリス映画のなかで、貴族たちはいまも描かれ続けている。

おわりに

二〇二三年一一月七日、ロンドンのウェストミンスタ宮殿（国会議事堂）で議会開会式が厳かに執りおこなわれた。それはチャールズ三世の治世になってから初めての開会式でもあった。大英帝国王冠をかぶりガーター勲章の頸飾《けいしょく》を首からかけ、長くて重いローブをつけ貴族院の長い廊下を歩き、玉座から政府の施政方針演説を読み上げる国王。それは祖父のジョージ六世以来、実に七三年ぶりの「国王演説《キングズ・スピーチ》」となった。

並み居る貴族たちもそれぞれにローブ姿で国王の演説に聴き入った。ときの君主が議会で演説をするという儀式は、イギリスでは中世以来の伝統と格式を誇る大切なものである。

まさに「王権と議会」とが一体となって政治を進めてきた、イギリスの歴史の重要なひとこまを伝えてくれる儀式であるともいえよう。

このチャールズ三世が臨席した開会式から一〇日後、ひとりの人物があらたな一代男爵に叙せられた。その名はデイヴィッド・キャメロン。二〇一〇年から一六年まで保守党政権を率いた元首相である。二〇一六年六月二三日に実施された国民投票の結果、イギリスがEU（ヨーロッパ連合）から離脱することが僅差で決まり、その責任を取って首相を退任したあとは、事実上、政界を引退していた。

ところがそのキャメロンが、同じく保守党のリシ・スナク首相によって突如外相に抜擢されたのである。しかしキャメロンはもはや議員生活からも引退しており、庶民院に議席を持っていない。イギリスでは国会議員でなければ閣僚には就けないのだ。そこでスナク首相が見せた「離れ業」が、キャメロンを一代男爵に叙し、貴族院議員として外相に据えるというものであった。

二〇二三年一一月一七日に、「キャメロン男爵（正式には Baron Cameron of Chipping Norton）」は正式に貴族に叙され、その三日後、貴族院に初登院を果たした。

キャメロン外相の活躍は今後に期すこととして、二〇二三年というこの時代にあっても、「一代貴族」の制度はイギリス政治にとって「使い勝手のよい」ものなのかもしれない。チャールズ国王が仰々しい儀式のなかで政府の施政方針演説を読み上げるという中世以来の伝統と、一代貴族として様々な人材を議会に取り込んでいくという現代の風潮とは、貴族院というこの議院のなかで見事に溶け込んでいるのかもしれない。
それはまた、国王を頂点にいただくイギリス貴族たちが二一世紀のこんにちにおいても柔軟性を示しながらしぶとく生き残っている姿とも符合するものであろう。

本書は、著者が二〇二三年一月に新潮選書から上梓した『貴族とは何か』の刊行にあたり、これとあわせた企画として新潮社のサイト「フォーサイト」に連載として執筆した、「教養としてのイギリス貴族入門」を中核に、加筆修正等を施して完成した作品である。本書の第三章と第五章が連載の部分にあたり、あとはすべて書き下ろしとなっている。

連載を執筆するにあたり、原稿に目を通していただいた新潮選書編集長の三辺直太氏、さらに「フォーサイト」に掲載する際にお世話になった同編集部の西村博一編集長と森休八郎氏にまずは感謝したい。
そして新潮新書から刊行する際にお世話になったのが、同編集部の阿部正孝編集長と、本書の編集に実際に携わってくださった大古場春菜氏である。このお二人にも心から謝辞を呈したい。

また、いつも著者を見守ってくれている家族にも感謝したい。

最後に本書を、長年にわたりわが国でイギリスの文化、さらにはイギリスの貴族文化を数々の名著により紹介された、いまは亡き田中亮三先生（慶應義塾大学名誉教授）と小林章夫先生（上智大学名誉教授）のおふたりに捧げることをお許し願いたい。

田中先生は、『英国貴族の館』や『図説 英国貴族の暮らし』といった名著で、主には建築史の視点からイギリス貴族の生活についてご教示くださった。

そして小林先生は、英文学がご専門ではあったが、幅広くイギリスの文化に精通されており、『イギリス貴族』は本書が刊行される少し前に文庫版で再版されるなど、いまだにロングセラーとなっている好著である。

両先生の業績に比べれば、本書はイギリス貴族の神髄を読者に伝え切れていない部分がまだまだ多いかもしれないが、両先生のご本とともに、本書がこれからも長くみなさまにお読みいただければと願うばかりである。

アゼルスタン王による賢人会議召集から一一〇〇周年の年の春に

二〇二四年二月

君塚直隆

主要参考文献

新井潤美『ノブレス・オブリージュ　イギリスの上流階級』（白水社、二〇二一年）。

君塚直隆『物語　イギリスの歴史』（上下巻、中公新書、二〇一五年）。

君塚直隆『悪党たちの大英帝国』（新潮選書、二〇二〇年）。

君塚直隆『貴族とは何か：ノブレス・オブリージュの光と影』（新潮選書、二〇二三年）。

小林章夫『イギリス貴族』（講談社学術文庫、二〇二二年）。

田中嘉彦『英国の貴族院改革：ウェストミンスター・モデルと第二院』（成文堂、二〇一五年）。

田中亮三『英国貴族の邸宅』（小学館、一九九七年）。

田中亮三『図説　英国貴族の暮らし』新装版（ふくろうの本、河出書房新社、二〇一五年）。

田中亮三『図説　英国貴族の城館：カントリー・ハウスのすべて』新装版（ふくろうの本、河出書房新社、二〇二三年）。

水谷三公『英国貴族と近代：持続する統治　1640－1880』（東京大学出版会、一九八七年）。

水谷三公『貴族の風景：近代英国の広場とエリート』（平凡社、一九八九年）。

水谷三公『王室・貴族・大衆：ロイド・ジョージとハイ・ポリティックス』（中公新書、一九九一年）

村上リコ『図説　英国貴族の令嬢』増補新装版（ふくろうの本、河出書房新社、二〇二〇年）。

森護『英国の貴族：遅れてきた公爵』（ちくま文庫、二〇一二年）。

＊なお、第三章と第五章にかかわる人物たちについては、H.C.G.Matthew & Brian Harrison,eds., Oxford Dictionary of National Biography（Oxford University Press, 2004, vols.60）の当該部分を主に参照した。

君塚直隆　1967(昭和42)年生まれ。

関東学院大学国際文化学部教授。

立教大学文学部史学科卒。上智大学大学院修了。著書に『立憲君主制の現在』『悪党たちの大英帝国』『エリザベス女王』他多数。

新潮新書

1034

教養《きょうよう》としてのイギリス貴族入門《きぞくにゅうもん》

著　者　君塚直隆《きみづかなおたか》

2024年3月20日　発行

発行者　佐藤隆信

発行所　株式会社新潮社

〒162-8711　東京都新宿区矢来町71番地
編集部(03)3266-5430　読者係(03)3266-5111
https://www.shinchosha.co.jp

装幀　新潮社装幀室

図版製作　クラップス

印刷所　錦明印刷株式会社

製本所　錦明印刷株式会社

ISBN978-4-10-611034-4　C0222

価格はカバーに表示してあります。

Ⓢ新潮新書

875
天才 富永仲基
独創の町人学者
釈徹宗

江戸中期、驚くべき思想家がいた。世界に先駆けて仏典を実証的に解読。その「大乗非仏説論」を本居宣長らが絶賛、日本思想史に名を残す。31歳で夭折した〝早すぎた天才〟に迫る！

862
歴史の教訓
「失敗の本質」と国家戦略
兼原信克

なぜ戦前の日本は、大きな過ちを犯したのか。「官邸外交」の理論的主柱として知られた元外交官が、近代日本の来歴を独自の視点で振り返り、これからの国家戦略の全貌を示す。

859
「関ヶ原」の決算書
山本博文

天下分け目の大いくさ、東西両軍で動いた金は総額いくら？ ホントは誰が得をして、誰が損をしたのか？ 『「忠臣蔵」の決算書』に続き、日本史上の大転換点をお金の面から深掘り！

857
昭和史の本質
良心と偽善のあいだ
保阪正康

ファシズム、敗戦、戦後民主主義……昭和はいったい何を間違えたのか。近現代の名文を手掛かりに多彩な史実をひもとき、過去から未来へと連鎖する歴史の本質を探りだす。

855
日中戦後外交秘史
1954年の奇跡
加藤徹
林振江

第二次大戦後、まだ日中が「戦争状態」だった時代。数万人の残留邦人を救ったのは、一人の中国人女性だった——。戦後史の中に埋もれていた秘話を丹念に掘り起こす。

Ⓢ新潮新書

813
深層日本論
ヤマト少数民族という視座

工藤 隆

伊勢神宮正殿が、穀物倉庫なのはなぜ？　秘される大嘗祭で、天皇は何をしている？　本当の〝日本古来〟とは何なのかを、遥か古代にまで遡って解き明かす、日本論の決定版。

809
パスタぎらい

ヤマザキマリ

イタリアに暮らし始めて三十五年。世界にはもっと美味しいものがある！　フィレンツェの貧乏料理、臨終ポルチーニ、冷めたナポリタン、おにぎりの温もり……胃袋の記憶を綴るエッセイ。

807
南無阿弥陀仏と南無妙法蓮華経

平岡 聡

迷い悩む衆生を等しく救うため、それぞれ「念仏（どんな人間でも往生）」と「唱題（その身のまま成仏）」を説いた法然と日蓮。両者の教えを比較すれば、日本仏教の真髄が見えてくる！

805
天皇の憂鬱

奥野修司

天皇陛下は憂《うれ》えている……終戦への思い、美智子皇后との恋愛の苦難、被災地で跪《ひざまず》かれる理由、終活への覚悟……大宅賞作家が活写する皇室の「光と陰」。徹底取材で浮かび上がる〝心模様〟。

793
国家と教養

藤原正彦

教養の歴史を概観し、その効用と限界を明らかにしつつ、数学者らしい独自の視点で「現代に相応しい教養」のあり方を提言する。大ベストセラー『国家の品格』著者による独創的文化論。